하나님을 만난 사람들

정인모·디아코니쉔 무터하우스 공저

하나님을 만난 사람들

초판 1쇄 2021년 10월 25일
저자 정인모, 디아코니쎈 무터하우스
발행처 도서출판 카리타스
주소 부산광역시 동구 중앙대로 298(초량동) 부산 YWCA 304호
전화 051)462-5495 팩스 051)462-5495
등록번호 제 3-114호

ISBN 978-89-97087-48-8

Die Rechte für den deutschen Text liegen beim Diakonissenmutterhaus Aidlingen.
이 출판물은 저작권법에 의해 보호를 받는 저작물이므로 무단 복제 할 수 없습니다.
잘못된 책은 교환해 드립니다.

하나님을 만난 사람들

정인모·디아코니쉔 무터하우스 공저

| 서 문 |

"저 한가운데 가보라"

여전히 나 자신이 은혜의 강물로 풍덩 빠져들지 못하고 '찰싹거리는 작은 파도만 보고 맘이 저려 못가는 상황'에 머물고 있지는 않은지 반성해 봅니다.

교회에 열심히 나가고 교회 생활 열심히 한다고 하면서 내 신앙이 좋다고 착각했던 것 같습니다. 이러한 바리새인 같은 허식이 이번 코로나로 인해 적나라하게 드러났습니다. 마음의 중심을 보시는 주님께서 그동안 그릇된 길로 서둘러가던 우리에게 반성의 기회를 주셨고, 신앙의 본질이 무엇인지 조금이나마 깨닫게 해주셔서 너무나 감사한 마음입니다.

혼탁한 현대 사상의 조류에 떠밀려 기독교적 세계관에 입각한 삶을 살아오지 못했던 점, 세상일에 함몰되어 일 중독자처럼 떠밀려 살아왔던 점, 개혁이 중요하고 일상 속 생활신앙이 강조되어야 한다면서도 나 자신은 정작 편안한 수구에 머물러 있기를 기뻐한 것은 아니었는지 반성해 봅니다. 어느새 "경건의 모양은 있으나 경건의 능력을 부인하는 자"의 모습이 되지는 않았는지, 세속주의에 함몰되지는 않았는지, 선한 사마리아인처럼 돼라고 했는데,

도움을 필요로 하는 사람 곁에 있어주지 못하고 레위인이나 제사장처럼 그냥 외면하고 지나치지는 않았는지, 더 나아가 이런 것조차 깨닫지 못하고 마음이 완악하여져서 하나님 보시기에 부끄러운 사람이 되어버리지는 않았는지…….

이제 성령의 도움으로 이런 패배주의에서 과감한 탈출을 시도해 봅니다. 노를 저어 바다 저 한 가운데로 가봅니다. 은혜의 강물에 흠뻑 빠져들기를 원합니다. 성냥불 하나로 위험한 밤길을 더듬어 가기보다 말씀의 등불을 환히 켜고 매일 매일의 삶 전체를 주님과 동행하며 살아가기를 원합니다. 사소한 아귀다툼으로 하나님 주신 거룩한 사명을 잊기보다 주님이 주시는 새 생명의 삶을 살아가기를 희망합니다. 항상 기뻐하고 쉬지 말고 기도하며 범사에 감사하는, 하나님 뜻을 이루어가는 살아있는 신자가 되기를 고대합니다.

이런 마음으로 이 책을 냅니다. 27년간 읽어온 독일 묵상집 『하나님과 함께하는 시간』에서 받은 은혜로운 주제들을 몇 개 묶었습니다. 이 책의 내용에 중간 중간 저의 간증이나 생각을 곁들였습니다. 이전 '꿈과 비전'에서 펴낸 『하나님과 함께하는 시간 Zeit mit Gott』이 묵상집 그대로 번역해서 내었다면, 이 책은 초신자들도 부담없이 읽을 수 있도록 내용을 주제별로 묶어 읽기 편하게 만들었습니다.

독일 아이들링엔에 있는 디아코니쉔 무터하우스 Diakonissen

Mutterhaus에서 나오는 묵상집 『하나님과 함께하는 시간』은 100년이 넘는 역사를 지닙니다. 게오르크 피반 Georg Viebahn 장군에 의해 씌기 시작했던 이 묵상집은, 경건주의자 필립 슈페너 Ph. Spener의 후대이자 게오르그 피반의 딸 크리스타 피반 Christa Viebahn에 의해 계속 집필되다가, 현재는 레니네 모어 Regine Mohr 집필진에 의해 1년에 4회(3개월씩) 출판되고 있습니다. 아침마다 필자에 의해 실시간 번역되는 묵상 내용은 미쏘마 밴드 및 카톡으로 공유하여 은혜를 나누고 있습니다.

이번에 펴낸 책의 5개 주제는: 예수님을 만난 사람들, 주님 당신은 누구십니까? 하나님이 물으심, 성경 속의 친구들, 성경 속의 형제자매 입니다. 성경은 주로 '새번역'을 인용했고 이따금 '개혁성경'을 그대로 따오기도 했습니다.

아무쪼록 이 책이 주님이 주시는 은혜의 강가로 인도하여 메마른 심령을 적시고 망망대해로 나아가게 하는 포구가 되기를 소망합니다.

저자 정인모

| 목 차 |

서문: "저 한가운데 가보라"   4

1. 예수님을 만난 사람들   9
2. '주님, 당신은 누구십니까?'   39
3. 하나님이 물으심   73
4. 성경 속의 친구들   135
5. 성경 속의 형제자매   171

예수님을 만난 사람들

　2,000년 전 하나님의 아들이었지만 이 땅에 직접 찾아오신 예수님. 성경 요한복음에는 "하나님이 세상을 이처럼 사랑하사 독생자를 주셨다"로 씌어있습니다. 또 예수님이 오신 이유를 "우리에게 영생을 주시기 위해서"라고 밝히고 있습니다. 구약에서는 가려져 계시로만 나타나고, 신약 예수님 부활 이후에서도 하나님을 육적으로는 직접 체험하지 못한 사람들이었지만, 2,000년 전 이스라엘에서 예수님과 동시대에 살면서 직접 그를 만난 사람들이 있습니다. 이때 예수님을 대면해서 만났던 사람들은 얼마나 행복했을까요? 그야말로 성육신된 하나님을 직접 만난 행운을 누린 사람들이었습니다.
　당시에 직접 예수님을 만났던 사람들이 참 많았겠지요?

　여기서는 성서에 등장하는 예수님 만난사람들 중 열 명 정도의 인물을 소개 합니다. 다들 아시겠지만 예수님을 찾았던 사람들은 대부분 가난하고 병들고 사회에서 소외된 사람들이었습니다. "나는 의인을 부르러온 것이 아니다. 죄인을 부르러왔도다"(마 9:13) 물론 다는 아니지만, 결함을 가진 가난하고 불쌍한 사람들을 긍휼히 여기시는 주님의 사랑을 함께 체험할 수 있습니다. 흠 있고 오류투성인 사람도 넉넉히 부르셔서 품어주시는 주님의 사랑, 그 사랑에 힘입어 오늘도 우리는 이 삶을 의미 있게 살아갑니다.

예수님을 만난 사연은 사람들마다 다를 수 있습니다.

제 모교가 미션 스쿨이었는데, 친구들이 하나님을 만나게 된 경위가 참 달랐습니다. 제 같은 경우는 고등학교 일학년 때 담임 박복기 선생님을 통해 예수님을 소개 받고 인근 교회에 출석하면서 하나님을 알게 되었는데 반해, 어떤 친구는 자기 담임 선생님이 강제로 일요일에 학교로 등교시켜 줄 세워 교회로 데리고 갔는데 이를 통해 신앙을 가졌다고 합니다. 또 다른 친구는 추첨해서 들어온 학교에 적응이 안 되었는데, 이러다가 인생에 먹구름이 깔리겠다싶어 어떻게 하면 학교에 긍정적으로 적응할까 고민하면서 일단 교회에 나가 하나님을 믿어보자고 생각했다는 겁니다. 하나님은 제자들을 부르실 때처럼 다양한 상황 속에서 우리가 신앙생활 하도록 인도하십니다. 그 큰 섭리와 사랑에 감사할 뿐입니다.

이제 예수님을 만난 사람들을 찾아가 봅니다.

1. 나병환자 (막 1:40-45)

본문에 나오는 이 사건은 마태복음에서도 산상수훈과 관련되어 언급됩니다.(마 8:2-4) 이 사람은 예수에 대한 소문을 듣고, 예수님에게 다가오기 위해 다른 모든 생각들을 다 제쳐놓고 나아옵니다. 이 사람은 예수님을 믿었던 첫 번째 그룹에 속한다고 볼 수 있습니다. 그는 예수님께 나아오자마자 그 앞에 무릎 꿇고 엎드려 간구하며 이릅니다. 이것이 중요합니다. 자기 자신의 의지를 포기하고 오직 예수님의 의지에 맡기는 것을 볼 수 있습니다. "원하시면... Wenn Du willst..." 당신은 하실 수 있다고 고백합니다. 이것은 예수님의 능력을 100% 믿는다는 뜻입니다.

우리는 믿는다고 하면서도 머릿속으로는 자신의 능력이나 이성적 한계를 미리 설정해 놓는 경우가 많습니다. 너무 수월하게 자신의 경험이나 사회적 관습에 기대면서도 주님의 능력을 믿는다고 고백할 때가 많습니다.

모든 것이 불가능하다고 느껴질 때, 한 치 앞도 나아가기 힘들어질 때, 우리는 순수하게 주님께 나아갈 수 있습니다.

대학 1학년 때 일입니다. 친한 친구 부친이 돌아가셨는데, 빚쟁이들이 몰려와 제 친구 가족은 길거리에 나앉게 되었습니다. 당장 먹을 것도 부족했지만 마침 학교 등록금 마감이 며칠 남지 않아서 무척 걱정이 되었습니다. 나는 아침에 교회 나가 기도했습니다.

아무도 없는 가운데 하나님께서 지혜를 주셨습니다. 같은 대학에 입학한 동기들에게 5,000원씩 모금하면 좋겠다는 생각이 들었습니다. 모금은 순조로웠습니다. 돈이 없어 당구장에 가방 잡히기까지 하며 놀기 좋아하는 친구까지 모금에 동참하는 걸 보고 기도가 이루어지나 생각했습니다. 12만 원정도 모금이 되었습니다. 당시 등록금이 10만 원가량 되었는데, 모금한 돈으로 등록금뿐 아니라 쌀 한 가마도 메고 친구 집을 방문하여 위로할 수 있었습니다. 넘치도록 채워주시는 하나님의 능력을 확실하게 체험하고 얼마나 감사했는지요!

본문에서 예수님은 자신에게 다가온 나병환자의 병을, 손을 내밀어 닿음으로써, "깨끗함을 받으라"(41절)라는 말씀 한 마디로써 바로 고칩니다. "곧 나병이 그 사람에게서 떠나가고 깨끗하여진지라."(42절)

우리가 아무리 흠이 많고 더럽고 또 죄가 많다하더라도 주님께 나아올 수 있고 깨끗하게 나을 수 있습니다.

주님은 죄인이 참회하도록 하기 위해 오셨습니다.

그런데 주님은 이 일을 "아무에게도 알리지 말라"(44절)고 합니다. 왜 그럴까요? 이는 그의 이러한 거룩한 임무가 하나의 센세이션으로 희석되기를 바라지 않기 때문이라 볼 수 있습니다. 주님의 치유는 보이기 위한 하나의 이벤트나 자랑이 아니라 진지한 구원의 순간이 됩니다. 치유의 궁극적 목적은 구원에 있기 때문입니다.

2. 벳세다 맹인 (막 8:22-26)

이 본문에 나타난 사건은 예수님이 벳세다에 이르렀을 때 사람들이 맹인 한 사람을 데리고 오면서 생긴 일입니다. 다른 의사가 필요 없고 오직 예수님을 믿는 믿음만이 소경됨을 낫게 하는 기적이 일어나고 있습니다.

그런데 예수님은 소경의 손을 잡고 그곳에서 나옵니다. 이유는 예수님은 '사업'의 장소에서 떨어져 나오기를 바라기 때문입니다. 다시 말해 예수님은 쇼맨십과는 거리가 멉니다. 앞장에서 나 병환자를 고친 것처럼, 남에게 보이기 위해, 어떤 사업(일)을 원활하게 하기 위해, 자신의 명성이 높아지기 원해 이런 치유 행위를 하는 게 아니라 그 병자에 대한 연민과 사랑 때문이었고, 병 고침을 통한 구원이 치유사역의 목적이었던 겁니다.

예수님은 침을 발라 눈에 바름으로 바로 눈을 뜨게 해 주었습니다. 어떤 단계별로 병을 낫게 해준 게 아닙니다. 어중간하게 길 중간쯤 그 사람을 세워둔 게 아니라, 한 번에 그 사람의 눈을 낫게 해 준 겁니다. 주님은 우리에게 기적을 일으킬 준비가 되어 있습니다. 그 기적은 반 쯤 낫게 한 것이 아니라 깨끗하게 완전히 낫게 해주신 겁니다.

이전에 LMTC 선교 훈련을 받은 적이 있습니다. 너무나 은혜로운 선교훈련 프로그램이라서 많은 도전을 받고 비전을 찾을 수 있었습니다. 훈련 마지막 단계로 아웃리치를 나갔는데, 나는 북아

프리카 모로코를 택했습니다. 여러 도시를 돌다가 북부 분지에 있는 페스라는 고도古都를 탐방한 적이 있습니다. 다녀오신 분은 아시겠지만, 페스라는 이 도시는 옛 모로코 왕국의 수도로 성벽과 이슬람 사원이 많이 있고 수많은 미로로 된 특이한 도시입니다. 관광객은 가이드 없이 골목에 갔다가는 갇혀버리기 때문에 반드시 가이드가 있어야 하는 곳입니다. 그런데 페스는 영적으로 힘든 곳이라 많은 선교사들이 오래 못 버틴 도시라고 현지 선교사님이 알려주었습니다. 10명의 아웃리치 요원에 현지 선교사 포함 11명이 페스의 시 외곽 언덕에 올라가 이 도시를 위해 간절히 통성기도로 중보한 적이 있었습니다. 한참 기도한 후 요원 중에 한 자매가 그대로 쓰러지는 바람에 매우 당황스런 상황이 펼쳐졌습니다. 그럴수록 우리는 차분하게 그 자매를 봉고에 뉘고 그곳을 철수하여 숙소로 돌아왔습니다. 팀장이었던 나는 그날 한 숨도 자지 못했습니다. 아침에 그 자매는 다행히 의식을 회복했습니다. 그 쓰러진 자매와 함께 했던 한 집사님이 '그 자매가 다시 정상으로 깨어난 건 하나님 은혜인데, 이 아픈 자매의 병이 자기에게로 넘어온 것 같다고, 자기가 몸 상태가 너무 안 좋다'고 말을 하는 것이었습니다. 저는 짧은 믿음이었지만 그 분에게 분명히 말했습니다. 하나님은 완벽한 분이시고, 치유를 해 주시면 완전하게 해 주시지, 그렇게 어설프게 반쯤 낫게 하고, 그것도 이 사람의 병을 다른 사람에게 전가하는 분이 아니라고 말입니다.

우리에게 옛 자아의 흔적이나 오점이 붙어 있으면 안 됩니다. 그의 말씀은 반쪽이 아니라 온전히 이루십니다. 예수님은 우리 삶이 완전히 새롭게 되기를 원하시기 때문입니다.

또 마지막 부분에 예수님은 "마을에는 들어가지 말라"(26절)고 경고하고 있는데, 이 또한 치유 사역이 이벤트나 어떤 사업이 아니라 주님과의 은밀한 구원의 신비를 간직하게 하기 위함이라 볼 수 있습니다.

어두운 밤에 캄캄한 밤에
새벽을 찾아 떠난다
종이 울리고 닭이 울어도
내 눈에는 오직 밤이었소

우리가 처음 만난 그때는
차가운 새벽이었소
주님 맘속에 여명 있음을
나는 느낄 수가 있었소

오 주여 당신께 감사하리라
실로암 내게 주심을
나에게 영원한 사랑 속에서
떠나지 않게 하소서
(복음송, '실로암')

3. 세리 마태 (마 9:9-13)

이 본문의 사건이 일어난 곳은 예수님의 활동의 중심이었던 가버나움이었습니다. 가버나움은 아시아에서 지중해에 이르는 상업중심 도시로서 지정학적으로 매우 중요한 위치에 있었습니다.

9절에서 '나를 따르라'고 주님이 말을 걸었을 때 마태는 두 말 하지 않고 주님을 따라갔다고 기록하고 있습니다. 성경을 보면 많은 사람들이 나를 따르라는 주님의 말씀에 토를 달거나 머뭇거렸던 것을 알 수 있습니다. 니고데모도 많은 생각을 했고 나다나엘도 질문(이를테면, 나사렛에서 무슨 선한 것이 나오겠느냐?)을 했으며, 수제자 베드로도 무릎 꿇고 "나를 떠나소서, 나는 죄인입니다"라고 어쨌든 토를 달았는데, 마태는 아무런 말이나 주저함 없이 당장 주님을 따라갔다고만 되어 있습니다.

요 1:45-49에 보면 예수님을 따라가기 원하는 부자청년 이야기가 나옵니다.

또 왕의 잔치 참여에 관한 비유에서도, 왕의 초청을 받지만 세상일에 너무 바쁜 나머지 초청에 응할 수 없다고 기록됩니다. '장가 가야하고 소도 사야하고 논과 밭에 나가 할 일도 많아' 갈 수 없다는 겁니다.

우리는 예수님을 따라가고는 싶은데 주변 상황이 정리가 안 되어 따라갈 수 없는 경우를 보게 됩니다. 하나님의 부르심은 이사야나 바울의 부름처럼 실존적 콜링이어야 합니다. 본문에서 마태는 아무 토를 달지 않고 그대로 떠납니다. 빨리 확실한 결정을 하는 데는 주님 말 한 마디로 충분한 것이었습니다. 이 침묵하는 순종이 대단한 것입니다. '나를 따라오려면... 자기를 부인하고...'라는 말씀 그대로입니다.

주님을 따르겠다는 이 엄청난 변화에는 유보란 없습니다. 즉 '다음에 기회가 되면'이라는 말이 필요치 않습니다. 반쪽 마음은 없습니다. 옛 자아의 마음에 미련을 두어서는 안 됩니다. 그의 포기는 완전한 포기이어야 합니다.

저에게는 부끄러운 경험이 있습니다. 약 15년 전 기독교계와 한국 정치의 갱신을 위해 몇몇 목사님들과 교수들이 조찬 모임을 가진 적이 있었습니다. 지금 보면 그것이 뉴라이트 운동의 시작이었고 당시에는 참신한 운동이었습니다. 저에게 무슨 직책을 맡기려고 하는 데 그 때 제가, 다음에 여건이 괜찮아지면 하겠다고 했지요. 그러니 지금은 은퇴하신 성시화 운동에 적극적이었던 한 목사님께서 '다음이 언제란 말입니까?' 하면서 저에게 실망감을 나타내던 기억이 납니다. 실은 다른 어떤 분 때문에 그 조직에 맘의 상처를 가지고 있어 그 부탁을 거절했는데 참 부끄러운 일이었습니다.

아무 조건 없이 주인을 따라가는 마태는 주님께 너무 감사해서 자기 집에 식사초대를 합니다. 이 식사초대는 선교 마인드로 이루어집니다. 마태는 자신의 예수님과의 만남이 너무나 인상적이어서 자기 동료들과 나누기를 원했던 겁니다. 예수님의 부름을 받은 사람은 이제 다른 사람을 부르는 사람이 되어야 합니다. 이것은 바울이 말한 대로 우유만 먹지 않고 이제 거친 음식까지 소화해낼 수 있는 것이지요.

바리새인들은 세리들과 함께 식사를 한다고 예수님에게 불만을 표출하기 시작합니다. 그런데 예수님은 완전히 다릅니다. 병자에게 의사가 필요하다고 하면서 따뜻한 사랑의 마음으로 마태에게 다가갔던 겁니다.

4. 가버나움 백부장 (마 8:5-13)

예수님을 만나는 것은 참으로 다양하며, 그러기에 주님을 만난 각자의 경험이나 체험도 다를 수 있습니다. 하나님 말씀의 영향도 어떤 틀이 갖춰진 게 아니라 사람마다 각각 주님의 말씀이 임하는 대로 있게 됩니다.

본문에 등장하는 사람은 이전에 살펴본 가난하고 빈곤한 층의 사람이 아니라 로마인 백부장입니다. 이는 누가복음에는 회당 신자로 나옵니다.(눅 7:5) 회당 신자라 함은 민족을 사랑하고 또 백성들을 위하여 회당을 지음으로 헌신한 사람으로 볼 수도 있습니다. 예수님은 신분 고하에 상관없이 모든 사람에게 사랑을 베풉니다.

백부장은 진행상황에 대해 깨어있는 눈으로 관찰하고 있습니다. 그리고 그는 백부장이라는 사회적 지위와 체면을 다 던져버리고 믿음으로 나아갑니다. 믿음은 자신의 가치를 측정하는 게 아닙니다. 오히려 자신의 껍데기(경건한 척, 교회 충성, 존경심 등)를 던지는 겁니다. 믿음은 자신으로부터 벗어나 자기가 믿는 사람, 즉 예수님을 바라보는 것입니다.

우리가 어떤 사람이 살아있고, 어떤 공동체가 생동감이 있다는 말을 할 때, 혹은 반대로 껍데기는 화려하나 안은 아무런 내용이 없다고 말을 할 때, 이는 틀에 박힌 박제된 신앙 모습을 경계하라는 경고로 들립니다.

베를린의 오랜 지역 쾰른 Cölln에 가면 니콜라이 교회가 있습니다. 쾰른은 베를린에서 가장 오래된 구역이고 니콜라이 교회는 독일의 가장 경건한 시인이자 목사였던 파울 게르하르트 Paul Gerhardt가 시무했던 곳이기도 합니다. 그런데 이 교회를 방문했을 때, 충격적이었던 것은, 교회에 예배를 위한 의자가 없이 박물관처럼 전시물만 걸려있었다는 겁니다. 독일 교회에서 가끔 볼 수 있는 광경입니다만, 너무나 안타까운 실정이었습니다. 말 그대로 외모만 화려하지 예배의 처소가 되지 못하는 교회였음을 알 수 있었습니다.

예수님은 어떤 토론 없이 바로 "내가 가서 고쳐 주리라"(7절)라고 말합니다. 하나님 말씀은 항상 행동하며 움직입니다. 다시 말해 행위로 나타내십니다. "빛이 있으라하니 빛이 있더라"와 같은 원리입니다.

백부장은 이것을 알았던 겁니다. 그는 말씀만 하옵소서라고 말합니다. 그래서 주님은 "이스라엘 중 이만한 믿음을 보지 못했다"(10절)고 말합니다.

우리에게도 이런 믿음이 있는가요? 이러한 믿음이 발견됩니까? 내가 "이런 믿음을 보지 못했노라"라고 주님이 말씀하실 그런 신자가 될 수 없을까요?

주 예수 그리스도의 구원은 모든 인간에게 유효하며 지위 고하나 빈부의 격차로 구별되지 않습니다. 모든 인간에게 같은 하나님입니다. 주님의 이름을 부르는 자가 구원을 얻을 것이기 때문입니다. 우리도 주님의 이러한 마음으로 이웃에 다가가는 축복을 간구해 봅니다.

시온성과 같은 교회
그의 영광 한없다
허락하신 말씀대로
주가 친히 세웠다
반석 위에 세운 교회
흔들자가 누구랴
모든 원수 에워싸도 아무 근심 없도다

(찬송가 210장 '시온성과 같은 교회')

5. 시몬의 장모 (눅 4:38-39)

본문의 이 사건은 역시 가버나움에서 일어납니다. 베드로 가정에 야고보와 요한을 데리고 와서 머물게 되었을 때입니다. 그들은 예수님을 온전히 믿었고 도움을 요청합니다. 여기서 간구하는 남성들의 모습을 볼 수 있습니다. "그를 위하여 예수께 구하니…."(38절) 즉 중보기도를 요청하는 겁니다.

중보기도 Fürbitte는 큰 약속을 줍니다. 예수님은 사랑을 베푸시고, 우리에게 관심을 가지시고 구원하시며, 병을 낫게 하고 축복하십니다. 중보의 위력을 아는 사람은 중보기도를 요청하기도 하고 중보기도를 기꺼이 감당합니다.

아마 우리는 하나님이 오래전부터 알고 계신 일들을 하나님께 아뢰는 것이 무슨 의미가 있을까 가끔 자문할 겁니다. 하나님이 오래전부터 살펴보시고 더 나은 것을 판단할 수 있는 그 기도제목들을 해결하기 위해 우리는 심지어 위험한 지경에까지 달려가지는 않는지요? 하나님이 "그들이 부르기 전에 내가 응답하겠다"(사 65:24)라고 말씀하신다면, 아직 기도할 이유가 있는가요?

그건, 하나님이 그것을 요구하시기 때문이지요! 하나님은 우리를 사랑하기 때문에 우리와 대화하고 싶어 합니다. 그는 우리가 그에게서 뭐가 필요한지를 알고 있습니다. 그는 기도 받고 싶어

하십니다.(눅 11:9, 약 4:2하, 마 26:41)

"하나님은 우리에게서 어떤 새로운 것을 듣기를 원하는 것이 아니라 그냥 우리 기도를 듣고 싶어하십니다. - 그것도 항상 새로이 듣고 싶어하십니다."(H. J. Eckstein)

초대는 오늘 우리에게 아주 개인적으로 가치 있습니다. 항상 어느 때든지 좋습니다. 당신이 하는 어떤 것을 가지고 와도, 당신을 기쁘게 하는 행복이나 당신을 휘몰아치는 그런 기도 제목을 가지고 와도 좋습니다. 풀리지 않는 문제들, 어떤 고뇌나 이해할 수 없는 것, 당신을 비난하는 사람을 가지고 나오십시오.

결국 베드로의 장모의 병이 낫게 되고, 일어나 그들 손님을 접대하는 모습을 볼 수 있습니다. 이처럼 우리는 자기 은사를 가지고 섬기는 것이 중요합니다. 구원받은 나의 은사는 무엇일까? 이 자리에서 내가 할 수 있는 건, 섬길 수 있는 건 무엇일까?

본문에서 이어지는 40-41절을 보니 주님은 온갖 병자들에까지 일일이 그 위에 손을 얹고 고치시는 모습을 볼 수 있습니다.

6. 어부 베드로 (눅 5:1-11)

이 본문 내용은 잡히지 않던 물고기가 주님이 지시한 대로 말씀에 의지하여(5절) 그물을 저쪽으로 던진 후 많은 고기를 잡게 된다는 내용입니다.

이것으로 보아 물고기를 잡는데 아무리 베테랑이라 해도 결국 직업의 경험이 지금 중요한 게 아님을 알 수 있습니다. 이는 무한한 창조적 은사를 베푸시는 예수님과의 체험이 중요합니다. 이러한 일상에서의 체험은 예수님이 모든 것의 주인이 되심을 알게 합니다.

사역은 혼자 하는 게 아닙니다. 주님과 함께 하는 것이 중요합니다. 주변 사람들, 환경, 물질, 건물이 필수 요건이 아니라 주님과 함께 하는 것, 말씀에 의지하는 것이 중요합니다.

개척교회를 하신 분들의 경험담을 듣는 경우가 있습니다. 규모가 작은 해외 한인교회도 비슷한 경우가 있는데, 소위 기본적인 예배 공간이나 개척 멤버 확보 등이 일차적이라고 생각하고, 혹은 그것이 절대적이라 생각하고 시작했다가는 종국에는 분명한 한계를 드러냅니다. 하나님 말씀이 기초가 되고 이것이 굳건한 중심이 될 때 하나님이 원하시는 건실하고 진정한 예수 공동체로 성장하게 되는 겁니다. 그렇지 않으면 기존 개척 멤버와 새로운 신자와의 갈등이 생길 수도 있고 교회개척이 좋지 않은 엉뚱한 방향으로 나아갈 수도 있습니다.

그런 것을 보면 18세기 독일 경건주의자이면서 존 웨슬리에게 큰 영향을 준 친첸도르프 백작이 헤른후트 공동체를 만들었을 때, 체코에서 넘어온 모라비언, 위그노파, 독일의 여러 종파 교인들로 이루어진 거기에 교회 내 분규가 왜 없었겠습니까? 기록에 의하면 그러한 갈등이 있을 때 마다 친첸도르프의 영적 리더십이 발휘되었다고 합니다. 말씀에 기초한(지금도 독일의 아침 묵상집 '디 로중엔 Die Losungen'이 나옴) 그의 탁월한 리더십과 섬김이 이러한 것들을 극복하고 주님이 원하시는 건실한 공동체를 만들어갔던 겁니다.

본문에서 베드로는 "나를 떠나소서"(8절)라고 말합니다. 주님은 이에 대해 "무서워말라. 지금부터 사람 낚는 어부가 되게 하겠다"고 합니다. 그리스도 안에서 새로운 발걸음이 시작된 겁니다.
"이제부터 내가 새 일 곧 네가 알지 못하던 은비한 일을 네게 듣게 하노니…"(사 48:6)

7. 한 서기관 (마8:18-22)

본문에서는 한 서기관이 예수님을 따라가는 모습을 볼 수 있습니다. '선생님 당신 가는 곳을 따라 가겠습니다.' (19절)라는 고백은 주님의 참 제자가 되겠다는 선언입니다. 예수님을 따르는 것은 이 세상에서 가장 가치 있고 의미 있는 최고의 것이라 할 수 있습니다. 그 대신 많은 것을 포기해야 하겠지요.

이 세상의 사람들은 기독교적 관점에서 볼 때 두 부류로 나눌 수 있습니다. '예수 따르는 자들 die Jesus- Nachfolger'과 '하나님을 모르는 자들 die Gottlosen'입니다. 예수 따르는 자를 우리말로 표현하면 성도聖徒입니다. 성도의 사전적 의미는 '그리스도를 믿고 하나님의 자녀가 되어 속된 세상에서 거룩한 하나님의 공동체 일원으로 부름 받은 자'을 말하는데, 원래 구약에서는 하나님의 선민 이스라엘을 가리켰으며, '구분된 자', '성별된 자', 거룩한 자란 뜻으로 카도쉬로 불렸습니다.(대하 6:41, 시16:3) 사도 바울은 이 단어를 '하기오스 ἅγιος'라는 헬라어로 바꾸어 사용했는데, 이것 역시도 '거룩하다' 는 뜻으로서, 거의 대부분 성도를 지칭했습니다. 결국 성도란 그리스도로 말미암아 구원받고 하나님의 백성이요, 자녀가 된 모든 거룩한 자들을 말하는 것(시 106:16, 벧전 2:5)입니다.

본문에 또 한 사람이 등장하는데, 예수 제자 중 한 명입니다. 이 사람은 자기 아버지를 장례하고 나서 따르겠다고 말함으로써, 예수 따르는 데에 유보적입니다. 다시 말하면 세상일에 매어 주님을 심플하게 따라나설 준비가 되지 않은 겁니다. 주님은 장례일은 다른 사람한테 맡기라고 합니다.

하나님은 우리를 테스트하는 경우가 가끔 있습니다. 하나님이 우리 인간의 믿음을 테스트한 사례로, 우리가 잘 알다시피 아브라함이 늦둥이 이삭을 바치는 데서 찾아볼 수 있습니다.

자기 자신이 그렇게 여긴다고 '믿음의 아버지'가 되는 게 아니라, 혹독한 시험이 닥치는 위기에서도 믿음으로 그것을 이길 때 '믿음의 아버지'가 될 수 있습니다. 믿을 만하고 전능하고 영원한 하나님이, 낯설고 멀고 어두움에 있게 되면, 하나님이 어떤 사람과 잘 소통한다고 믿긴 힘들 겁니다.

어려움 속에서 아브라함은 이런 행동을 하나님께 하지 않았습니다. 이를테면 "내 소유를 내 건강, 나의 좋은 직업을 거두어 가시고 제발 이 아들만은 살려달라고…"

그는 아무런 토를 달지 않고 하나님 말씀에 순종했습니다.

하나님이 우리를 철저하게 점검하실 때, 이건 전全 생명, 전적인 헌신, 전적인 신실함, 완전한 순종을 말합니다. 우리는 지속적으로 어떤 할인 판매하는 물건이 있는지 알아보는 데에 익숙해져 있습니다.

"당신은 나의 유일하고도 모든 것이 되십니다."라고 우리는 우리 가는 길의 시작에 확신하며 기도했을지도 모릅니다. 하지만 좀 지나면 맹숭맹숭해지고 현실적이 됩니다. 자기 삶을 하나님께 맡긴다는 건 정말 작은 일이 아닙니다. 지금까지 중요했던 모든 것을 다 갑판 너머로 내 던지고, 하나님에게는 어떤 것도 유보하지 않으며, 그가 요구한 어떤 것도 거절하지 않는다는 건 쉬운 일이 아닙니다.

아브라함은 그것을 잘 알고 있었고 조용히 침묵하며 순종했습니다. 순종이 아브라함이 가져온 진정한 제물입니다. 그래서 "순종이 제사보다 나은 겁니다."(삼상 15:22)

예수 따라 가며 복음 순종하면
우리 행할 길 환하겠네
주를 의지하며 순종하는 자를
주가 늘 함께 하시리라
의지하며 순종하는 자를
주가 늘 함께 하시리라
의지하고 순종하는 길은
예수 안에 즐겁고 복된 길이로다

(찬송가 449장 '예수 따라가며')

8. 간청하는 어느 가나안 여인 (마 15:21-28)

이 본문에서 보면 예수님이 가버나움에서 바리새인 및 서기관들과 충돌한 후 두로와 시돈 지방으로 가게 됩니다. 이때 이미 예수님은 사람들에게 알려져 있었습니다. 그래서 가나안 여인이 그 소문을 듣고 예수님께 나아와 간청하게 된 겁니다. "주 다윗의 자손이여... 네 딸이 흉악하게 귀신들렸나이다"(22절) "주여, 다윗의 자손이여...."라는 말에 이미 이 여인은 주님께 대한 신뢰를 보이고 있습니다. 그런데 어찌된 일인지 예수님은 의외로 신경을 쓰지 않습니다. 이처럼 예수님은 우리가 구할 때 딴 청을 피우실 때가 있는 겁니다.

그러나 이 여인은 믿음을 포기하지 않습니다. "하나님께 나아가는 자는 반드시 그가 계신 것과 또한 그가 자기를 찾는 자들에게 상 주심을 믿어야 할지니라."(히 11:6) 믿음 없이는 하나님 마음에 드는 게 불가능합니다. 도와달라고 지치지 않고 계속 간구할 때에 예수님은 침묵하지 않습니다. 좀 거칠게 들리지만, "예, 주님... 개도 제 주인의 상에서 떨어지는 부스러기를 먹나이다"(27절)라고 말합니다.

여기서 우리는 이 여인이 가지고 있는 '그래도 dennoch'의 신앙을 볼 수 있습니다. '그래도-믿음 dennoch-Glauben'의 가질 때 예수님이 서 계셔서 도와주심을 알 수 있습니다. 포기하지 않는 믿음, 이것이 7전 8기의 믿음입니다.

제가 졸업한 미션스쿨의 상징이 오뚝이입니다. 7번 넘어져도 다시 일어난다는 거지요. 기독교 정신을 잘 나타내 보여준다고 볼 수 있습니다. 절망의 가장 깊은 곳에서도 우리가 하나님을 부를 때 다시 일어설 수 있는 겁니다. 이제는 지은 죄로 하나님과 세상에 부끄러워 도저히 생명을 더 이상 이어나갈 상황이 아니라고 해도, 우리를 사랑하시고 이끄시는 주님을 바라볼 수 있는 게 우리 크리스천입니다.

"수고하고 무거운 짐 진 자들아 내게로 오라 내가 너희를 쉬게 하리라"(마 11:28)고 말하고 있는 겁니다.

예수님은 이 여인을 칭찬합니다. "네 믿음이 크도다. 네 소원대로 되리라."(28절) 결국 믿음이란 하나님 결정 앞에 우리가 순복하는 거라 말할 수 있습니다.

9. 귀먹고 말더듬는 사람 (막 7:31-37)

　이 본문에서 예수님은 두로 지방에서 나와 시돈, 데가볼리 지역으로 다시 가게 됩니다. 여기서 소경인 사람을 만납니다. 이 사람은 소경일 뿐 아니라 귀머거리이며 벙어리입니다. 사람들이 그를 예수께 데려옵니다. 이때 예수님은 그 사람을 무리에서 떠나사 따로 데리고 나옵니다.(33절) 이는 "필요한 사람은 오라고 하라 내 집이 넘쳐날 것이다"(눅 14:16-24)를 생각나게 합니다. 즉 "강권하여 내 집을 채워라"는 말입니다.

　'에바다 Hefata'는 귀가 열리고 혀의 맺힌 곳이 풀린다(Auftun)는 말입니다. 이처럼 예수님은 모든 쇠사슬에서 해방시킵니다. 거만함, 경직됨, 비판, 불의, 돈, 시기, 알코올 등. 예수님은 '기적을 베푸는 의사'의 수준을 넘어 이스라엘에서 하나님의 왕 통치를 선포하려 합니다. 그의 관심은 기적이 아니라 사람들이 참회하고 자기에게로 죄인의 모습으로 나아오는 것입니다. 우리가 듣는 자였다면, 이제는 주님이 말하는 자로 세우시는 것이지요.

　여기서 귀먹고 말더듬는 것은 타락한 인간의 본성을 상징합니다. 그리스도 밖에 있는 사람들의 염려는 오직 육적 건전함이라 할 수 있습니다. 이에 반해 그리스도를 구주로 인정하는 성도들은 여러 가지 육신의 장애나 현실적 곤경에서 가급적 벗어나려고는 하지만, 그것으로 인해 좌절하지는 않습니다.

우리의 치유자 되시는 예수님은 '에바다'라는 한 마디 말씀으로 장애를 한꺼번에 깔끔하게 치유해 주셨습니다. 예수님은 일대일 만남을 통해 역사하십니다. 하나님과의 만남도 1:1로 이루어집니다. 어느 누구도 중간에 개입될 수 없는 실존적 관계입니다. 물론 중보의 중요성도 존재하지만 신앙 자체는 키에르케고르의 말대로 '실존적 믿음의 도약'에 의해 성립됩니다. 가문이 어떻고 하는 것은 부수적인 것입니다. 부모의 신앙이 좋다고 자녀가 다 잘 되는 건 아니지 않습니까? 물론 삼사 대에까지 축복하시는 하나님을 믿지만요.

우리 크리스천들은 어디에 얽매일 필요가 없습니다. 사로잡힐 필요가 없습니다. 이삿날을 점쳐서 정하지 않아도 되고 개업할 때 점포 문 앞에 소금 자루를 밟고 지나가라고 놓아둘 필요도 없습니다. 못도 정해진 곳에 칠 필요가 없습니다. 참 자유를 얻은 우리들, 이 자유를 그리스도 안에서 마음껏 누리는 게 중요합니다.

10. 간음한 여인 (요 8:2-11)

본문의 내용은 우리가 잘 알고 있는 음행 중에 잡혀온 여인 이야기입니다.

간음한 여인을 고발한 사람들은 자비롭기로 알려진 예수님 반대편에 율법의 대표자인 모세를 내세웁니다. 자비와 율법 중 무엇이 가치 있습니까? 예수님이 만약 율법을 받아들이고, 즉 돌로 치라고 하면, 더 이상 예수님은 '세리와 죄인들의 친구'(마 11:19)가 될 수 없을 겁니다. 자비 가득히 사면을 해준다면 율법을 파기하는 것(마 5:17-18)이 될 것입니다.

이 드라마틱한 순간에 사람들은 예수님 자신을 고발하고 그에게서 율법에 반하는 말을 하도록 유도한 것이 확실합니다. 그들에게는 죄나 그들의 투쟁이 중요한 게 아닙니다. 오히려 그들은 예수님과 그의 권위에 반대하는 싸움으로 이끌고 있습니다.

모두 다 예수님의 답변을 기다리고 있습니다 – 불안하게, 긴장된 채, 그리고 사악하게.

하지만 예수님은 침묵합니다. 고발자들도 침묵할 수밖에 없습니다. 예수님은 말없이 몸을 구부립니다. 고발자들은 마음의 사악함 때문에 몸을 구부릴 수밖에 없습니다. 예수님은 모래에 두 번이나 글을 쓰시는데, 여기에는 자비와 대항을 내포하고 있다고 볼 수 있습니다.

• 손가락 : 하나님의 손가락은 이전 생활에 필요한 열 개의 문장으로 판에 쓴 적이 있습니다.(출 31:18) 바벨론 유수 때 포로로 잡힌 선지자 다니엘은 벨사살 왕에게 벽에 새겨진 하나님의 글을 설명한 적이 있습니다.(단 5:24-28)

• 모래, 땅 : 모래에 쓰인 것은 없어지고 사라집니다. 하나님은 이 그림으로 신조없는 자기 백성들을 돌이키려고 합니다.(렘 17:13) 그래서 예수님은 고발자들에게 그림으로 요구하는 것입니다: 너희의 그릇된 길에서 돌아오라. 너희들은 변절자이고 너희들은 하나님을 떠났기 때문이다.

왜 서기관들과 바리새인들은 직접 처리 안 합니까? 그들은 간음한 여인에 대한 판결을 기다립니다. 하지만 예수님은 고발자인 그들에 대해 판결 내립니다. 예수님은 자기 비판자들에게 생각할 수 있는 시간을 줍니다. 그들의 혹독한 질문에 예수님은 예상치 않은 대답을 합니다.
"너희 중에 죄 없는 자가 먼저 그녀를 돌로 쳐라."

'죄 없다' 는 말은 두 가지 관점을 가집니다.

1) 죄 없는 사람은 아무도 없습니다.
모든 사람은 존재적으로 죄로 인해 하나님과 분열되어 있습니다. 하나님 아들인 예수만이 죄 없으십니다.(고후 5:21, 히 4:15, 요일

3:5) 그가 우리 죄를 위하여 십자가에서 대속해 주셨기에 하나님과의 교제와 내면의 치유가 다시 가능해집니다.

2) 증인들은 높은 책임 의식을 지닙니다.

두 세 명의 진술이 일치될 때만 피고가 판결 받고 징벌을 받을 수 있습니다. 예수님은 모세의 율법에 머물러 있으면서 평이한 텍스트를 말합니다. 간음 사건의 경우 본인 스스로는 죄 없다고 하는 증인들만이 돌팔매 질에 참가할 수 있다고.

예수님의 시선은 간음한 여인으로 향하고 눈으로 서로 대화를 합니다. 예수님이 제기한 두 개의 질문에서 무엇을 가져올 수 있을까요? 그는 말합니다:

- 여자여!

요한복음 2장 4절과 4장 21절에서 예수님은, 하나님 아들인 그와, 인간의 적들 사이에 존재하는 차이점을 끄집어내고 있습니다. 우리는 예수님이 재판 상황에서 벗어난 이 여인을 여전히 주님으로 만나고 있다는 것을 염두에 둬야합니다! 예수님은 역시 거룩한 하나님의 사람으로 머물러 있습니다.

- 그들이 어디 있느냐?

이 질문은 아담에게 "너는 어디에 있느냐?"(창 3:9)라고 묻는 하나님의 질문을 기억나게 합니다. 하나님은, 죄를 지은 인간에게 묻고 그를 찾으시는 하나님으로 머물러 계십니다.

• 너를 정죄한 자가 없느냐?

증인이 더 이상 없는데 재판관이 있을 수 있습니까? 그 여인은 사라진 고발자들에 승리한 게 아닙니다. 예수님이 대답을 주시는데, 그 답 속에는 그의 영광이 3가지 방식으로 빛납니다. 그는 거룩한 자이시면서 긍휼을 베푸는 자 입니다.

• 나도 너를 정죄하지 아니한다.

예수님이 그 여자에게 회개의 여지를 주시려고 하는 것으로 보아, 그는 사랑하기 때문에 돌 던지는 것을 포기 합니다. 이로써 그는 용서를 표현하고 있고 여인에게 의롭다고 말하고 있습니다.

• 가라

그녀 죄를 사해 줌으로써, 예수님은 그녀에게 새로운 시작을 열어주고 있습니다.

• 다시는 죄를 범하지 말라

매우 구체적으로 예수님은 이 여인의 간음 행위를 포기할 것을 기대하고 있습니다. 예수님은 그녀를 해방시켜 자신을 따르게 하기 위해 그녀에게 사면을 선언합니다. '나는 너를 판단(정죄)하지 않겠다' 는 말씀은 새로운 삶의 시작을 그녀에게 선사하는 것입니다.

"자기의 죄를 숨기는 자는 형통하지 못하나 죄를 자복하고 버리는 자는 불쌍히 여김을 받으리라."(잠 28:13)

"여호와의 말씀이니라 너희를 향한 나의 생각을 내가 아나니 평안이요 재앙이 아니니라 너희에게 미래와 희망을 주는 것이니라"(렘29:11)

예수님 날 위해 죽으셨네
왜 날 사랑하나
왜 날 사랑하나
겸손히 십자가 지시었네
왜 날 사랑하나
왜 날 사랑하나
왜 날 사랑하나
왜 주님 갈보리 가야했나
왜 날 사랑하나

(복음송, '예수님 날 위해')

'주님, 당신은 누구십니까?'

위의 질문을 보면 생각나는 사람이 있습니다. 중세 교부 철학자 아우구스티누스입니다. 그는 하나님께 회개하고 돌아올 때 끊임없이 이 질문을 던졌습니다. 젊은 시절 방탕한 세월을 보내고 회심한 후 그는 철저히 하나님 앞에 엎드리며 이 질문을 되뇌었다고 합니다.

"주님, 당신은 누구십니까?"

회심을 말할 때 또 한사람이 생각납니다. 성경 속의 사도 바울입니다. 신자들을 핍박하는데 선봉에 섰던 바울은 사도행전에 나타난 것만 해도 세 번이나 됩니다. 다메섹으로 가는 도상에서 주님과 드라마틱한 만남을 체험합니다. "주여, 누구시니이까?" 그 이후 그는 아라비아에 3년간 머물다가 다시 자신이 이전 활동하던 지역으로 와서 완전히 변신한 주님의 종으로서 사명을 다하게 됩니다. 주님을 핍박하는데 앞장섰던 자가 주님을 증거하는 열혈주의자가 되었으니, 사람들은 이 갑작스런 변신에 놀라지 않을 수 없었고, 특히 처음에는 예수님 제자들에게서 의구심의 눈초리를 받게 되었습니다. 그는 예수에 반대해서 싸우기를 포기하고 이제 예수를 위해 싸울 것을 결심합니다. 사울에서 바울이 된 겁니다. 확실한 전향이 이루어집니다.

주님과의 만남, 주님께로 회심, 이 둘은 불가분의 관계에 있습니다. 주님의 은혜로 회심하여 변화된 중생의 삶을 산 사람이 얼마나 많이 있습니까?

제가 복음을 전해 받은 모교에서는 중생회라는 집회가 있어 3~4일 되는 그 기간 전 학생이 모든 학업을 중단하고 오직 집회에 모든 것이 집중되었습니다. "Are you born again?" 그야말로 새로 거듭나는 중생회였습니다. 얼마나 메시지가 강렬했고 복음의 열정이 끓어올랐는지 집회 중 많은 학생들이 예수 그리스도를 구주로 영접하는 놀라운 일들이 일어났습니다.

성서뿐 아니라 성서 밖에서도 회심의 사람은 많이 존재합니다.

그 한 예로, 독일 경건주의자 프랑케 August Hermann Francke(1663-1727)를 들 수 있습니다. 그의 회심은 삶에서 절대적이었습니다. 루터교 목사였고 할레 대학 교수였던 그는, 특이하게도 교회 설교를 준비하면서 회심을 하게 됩니다. 그의 회심 내용은 이런 것이 었습니다. "내가 이것을 철저히 100% 믿지 못하면서 교인들에게 무슨 설교를 한다는 말인가?" 자신도 제대로 믿지 못하는 것을 설교한다는 게 말이 안 되었고, 지식적으로 믿는 게 아니라 자신의 신앙체험에서 우러나는 설교가 진정한 설교임을 깨닫고 철저하게 회개하게 됩니다.

이들 모두가 회심의 순간 가졌던 질문은 동일한 것이었습니다: "주님, 당신은 누구십니까?"

우리는 주님이 어떤 분이신지 이 질문을 던집니다. 그가 모범적인 사람인지, 아님 기지가 풍부한 사기꾼인지, 아니면 유대인들이 기대했던 메시아인지, 또 이 세상의 구원자인지를 말입니다.

나에게는 예수님이 어떤 분인가요? 주님은 어떤 분이신가요? 이제 그 질문 속으로 한 번 들어가 봅니다.

1. 나의 삶의 전부

"그래서 그가 '주님, 누구십니까?' 하고 물으니, '나는 네가 핍박하는 예수다.'" (행 9:5)

이 질문은 바울이 예수님과 처음 만났을 때 던진 것으로, 경험 있는 성경 독자들은 그 의미를 쉽게 알 수 있을 겁니다. 어떤 사람은 이렇게 생각할 수도 있을 겁니다. 내가 이미 여러 해 전부터 기독교인이 되었고 내가 그리스도를 어떻게 체험했고 나에게 그 분은 어떤 의미가 있는지를 얘기 할 수 있다고. 좋지요! 하지만 고백한 선교자로서 여전히 "그리스도를 항상 더 잘 알기를 바란다는 것"(빌 3:10)을 강조하고 있는 바울의 말에 누가 이의를 제기할 수 있겠습니까?

바울은 그리스도를 더 알기를, 더 체험하기를 원했습니다. 그리고 자신을 위한 것뿐 아니라 공동체가 이 운동을 받아들이기를 원했습니다!

나는 예수님을 어떻게 더 잘 알기를 원하나요? 나는 예수님께 내 마음의 문을 열어 그를 완전 새로운 시각으로 보기를 원한다고 기도할 수 있습니다. 이렇게 기도할 수 있겠지요.

"주님, 당신을 확대해서 볼 수 있게 하소서! 당신이 새롭게 살아 있는 나의 현실이 되게 하소서!"

바울은 "그리스도를 알고, 그 분의 부활의 능력을 깨닫고, 그 분의 고난에 동참한다"(빌 3:10)고 기록하고 있습니다. '그분의 고난에 동참함' – 이것은 예수님과 함께 잃어버린 세계를 위해 고통을 함께 한다는 것입니다. 오늘날까지도 그에게 반목적으로 다가오는 멸시를 주님과 함께 당하고, 추방당하기까지 그를 따르는 그 고통을 함께 합니다. 이것은 그와의 마음의 관계를 심오케 합니다. 그리고 그것은 가장 본질적인 것으로 시선을 집중시킵니다.

바울은 예수님을 처음 만날 때부터 그가 자신의 구원자임을 알았습니다. 자기 삶의 마지막에 주님께서 전체 삶의 지평을 채워주셨습니다. '오직 예수!' 라는 것을 말입니다. 예수 그리스도는 우리의 삶 전부가 되십니다.

"예수께서 제자들과 함께 빌립보의 가이사랴에 있는 여러 마을로 길을 나서셨는데, 도중에 제자들에게 물으셨다. 사람들이 나를 누구라고 하느냐?"(막 8:27)

"예수께서 그들에게 물으셨다. '그러면, 너희는 나를 누구라고 하느냐?' 베드로가 예수께 대답하였다. '선생님은 그리스도이십니다.'"(막 8:29)

"예수께서 그들에게 물으셨다. '그러면 너희는 나를 누구라고 하느냐?'"(마 16:15)

이런 질문들에 나는 어떻게 반응합니까?

"우리 주 예수 그리스도의 하나님이신 영광의 아버지께서 지혜와 계시의 영을 여러분에게 주셔서, 하나님을 알게 하시고, [여러분의] 마음의 눈을 밝혀주셔서, 하나님의 부르심에 속한 소망이 무엇이며, 성도들에게 베푸시는 하나님의 영광스러운 상속이 얼마나 풍성한지를, 여러분이 알게 되기를 바랍니다."(엡 1:17-18)

예수 가장 귀한 그 이름 예수 언제나 기도 들으사
예수 나의 손 잡아주시는 가장 귀한 귀한 그 이름

예수 찬양하기 원하네 예수 처음과 나중되시니
예수 날 위해 고통당하신 가장 귀한 귀한 그 이름

예수 왕의 왕이 되신 주 예수 당신의 끝없는 사랑
예수 목소리 높여 찬양해 가장 귀한 귀한 그 이름
(복음송, '예수 가장 귀한 그 이름')

2. 우리가 더 잘 알기를 원하는 분

"[그러나] 나는 내게 이로웠던 것은 무엇이든지 그리스도 때문에 해로운 것으로 여기게 되었습니다. 그뿐만 아니라, 내 주 예수 그리스도를 아는 지식이 가장 고귀하므로, 나는 그 밖의 모든 것을 해로 여깁니다. 나는 그리스도 때문에 모든 것을 잃었고, 그 모든 것을 오물로 여깁니다." (빌 3:7-8)

우리가 예수님을 어떻게 잘 알 수 있을까요? 어떻게 이 일이 일어날 수 있습니까? 내가 그의 말씀을 믿고 순종한다면, 일상 한 가운데서도 예수님께서 기도를 들으시고 길을 열어주시며 놀랍게 다루어주시고 선물 주신다는 것을 체험할 수 있습니다. 내가 너희를 "전보다 더 좋아지게 해주겠다. 그때에야 비로소 너희는, 내가 주인 줄 알 것이다."(겔 36:11)

예수를 더 잘 아는 것, 이것만큼 중요한 것은 없고 우리가 노력을 경주해야 할 것도 없습니다. – 이것은 무엇보다도 내가 그와 조용히 교제하기 위해 시간을 들이고, 그의 말씀 속에서 주님을 '들여다보고' 읽은 것을 생각하며 기도할 때 발생합니다. 그렇게 예수님을 깊게 바라보는 것이 내 마음을 움직입니다. 하나님의 전능하신 아들인 예수님에 대한 신뢰와 기쁨이 일깨워집니다. "주님을 우러러보아라. 네 얼굴에 기쁨이 넘친다."(시 34:5상)

나는 통찰력을 얻고, 그의 흔적 속에 머물고 목표에 도달하기 위해(히 2:1) 무엇이 중요한지 알게 됩니다. 다윗은 "주님만이 내 발을 원수의 올무에서 건지는 분이시기에, 내 눈은 언제나 주님을 바라봅니다."(시25:15)라고 고백합니다. "우리는 주님의 빛을 받아 환히 열린 미래를 봅니다."(시 36:9하) 그래서 "믿음의 창시자요 완성자인 예수를 바라봅시다."(히 12:2)

우리 삶에서도 이해할 수 없는 일이 일어날 수 있습니다. "우리는 모두 너울을 벗어버리고, 주님의 영광을 바라봅니다. 이렇게 해서, 우리는 주님과 같은 모습으로 변화하여, 점점 더 큰 영광에 이르게 됩니다. 이것은 영이신 주님께서 하시는 일입니다."(고후 3:18)

"성경은 정보를 주는 게 아니라, 우리를 계속해서 다시 또 다시 변화시킵니다. 나의 일상의 어디엔가 자리를 필요로 합니다. 규칙적으로, 그리고 지속적으로 말입니다."(M.Herbst)

오늘의 어떤 말씀을 내가 새기고, 호주머니나 돈지갑, 냉장고 문 메모쪽지에 기록하기를 원합니까? 일상의 혼잡 속에서도 나는 다음을 기억합니다. 예수님을 바라보십시오!

주님 흔적 속에 머무십시오! 그는 당신을 위해 거기 계십니다!

3. 모든 것 중 처음 되심

"태초에 '말씀'이 계셨다. 그 '말씀'은 하나님과 함께 계셨다. 그 '말씀'은 하나님이셨다. 그는 태초에 하나님과 함께 계셨다. 모든 것이 그로 말미암아 창조되었으니, 그가 없이 창조된 것은 하나도 없다. 창조된 것은 그에게서 생명을 얻었으니, 그 생명은 사람의 빛이었다... 이는 혈통에서나, 육정에서나, 사람의 뜻에서 나지 아니하고, 하나님에게서 났다. 그 말씀은 육신이 되어 우리 가운데 사셨다. 우리는 그의 영광을 보았다. 그것은 아버지께서 주신, 외아들의 영광이었다." (요 1:1-4, 13-14)

'하나님보다는 작지만 지구보다는 큰 것!'

이 말은 프랑스 왕 루이 14세(1638-1715)의 좌우명이었습니다. 그는 자기 자신 외에 어떤 통치나 권력, 더 위대한 일을 받아들이지 않았습니다. 이 절대적 통치자는 백성을 대가로 세상의 중심에 살았습니다. 약 6만 명의 궁정 직원뿐 아니라 모든 것이 자기중심으로 돌아갔습니다. 그는 태양의 왕이라 불리었고 모든 만물의 기준으로 이해되었습니다.

예수님의 경우 완전히 달랐습니다. 복음기자 요한은 예수님에 대한 보고를 숨 막히는 듯한 선언으로 시작합니다. "태초에 '말씀'이 계셨다. 그 '말씀'은 하나님과 함께 계셨다. 그 '말씀'은 하나님이셨다. 모든 것이 그로 말미암아 창조되었다... 그 말씀이 육신이 되어 우리 가운데 사셨다."(요 1:1-3, 14)

예수님은 인간이 되신 '말씀'(헬라어로 로고스 logos)으로서, 이 이름을 오늘날까지 지니고 계십니다. 계시록에도 "그의 이름은 '하나님의 말씀' 이라고 기록하고 있습니다."(계 19:13하)

요한이 자기 복음서에서 예수님에 대해 숨겨 말한 것을 바울이 명확하고 명료하게 다음과 같이 기록합니다.

"만물이 그분 안에서 창조되었습니다. 하늘에 있는 것들과 땅에 있는 것들, 보이는 것들과 보이지 않는 것들, 왕권이나 주권이나 권력이나 권세나 할 것 없이, 모든 것 그분으로 말미암아 창조되었고, 그분을 위하여 창조되었습니다. 그분은 만물보다 먼저 계시고, 만물은 그분 안에서 존속합니다. 그분은 교회라는 몸의 머리이십니다. 그는 근원이시며, 죽은 사람들 가운데서 제일 먼저 살아나신 분이십니다. 이는 그분이 만물 가운데서 으뜸이 되시기 위함입니다."(골 1:15-18)

정말 예수님은 모든 만물의 처음이자 기준입니까? 주여, 당신은 누구십니까?

오늘 당신들은 어떤 대답을 발견합니까?

1980년 세계 복음화 대회가 서울 여의도 광장에서 열렸을 때 주제가 '나는 찾았네 I found it !' 였습니다. 우리는 이 진리를 찾았습니까? 이것을 성경에 밑줄을 치거나 여기에 기록하고 싶습니까? 당신 개인에게 이 발견은 무엇을 의미합니까?

4. 영광 받으실 영원한 왕

"그 아들은 보이지 않는 하나님의 형상이시요, 모든 피조물보다 먼저 나신 분이십니다. 만물이 그분 안에서 창조되었습니다. 하늘에 있는 것들과 땅에 있는 것들, 보이는 것들과 보이지 않는 것들, 왕권이나 주권이나 권력이나 권세나 할 것 없이, 모든 것이 그분으로 말미암아 창조되었고, 그분을 위하여 창조되었습니다. 그분은 만물보다 먼저 계시고, 만물은 그분 안에서 존속합니다. 그분은 교회라는 몸의 머리이십니다. 그는 근원이시며, 죽은 사람들 가운데서 제일 먼저 살아나신 분이십니다. 이는 그분이 만물 가운데서 으뜸이 되시기 위함입니다." (골 1:15-18)

루이 14세의 위대함의 병이, 예수님인 경우에는 그것이 절대적 진리가 됩니다. 다시 말해 예수님은 만물의 중심이십니다. 모든 것이 전능하신 창조자인 그를 중심으로 돌아가며 만사가 그로 인해 결정됩니다. 모든 것이 그를 통해서만 존재할 수 있습니다.

"하나님께서는 이 아들을 만물의 상속자로 세우셨습니다. 그를 통하여 온 세상을 지으신 것입니다." (히 1:2하)

사실 기독교인들에게는 점궤가 통하지 않는다는 말이 있지 않습니까? 그런데도 일부 몰지각한 성도들은 점치러 가고 타로 가게 앞에 줄 서있는 걸 보면 참 한심합니다. 전능하신 하나님을 믿지 않아서 그렇습니다.

그 태양의 왕은 자기 신하의 피와 눈물을 가지고 절대성을 요구하게 됩니다. 하지만 유일하고 절대적인 주이신 예수님은 전혀 다른 길을 가셨습니다. 그의 궁전은 영원 때부터 하늘나라의 영광이었습니다. 그래서 그는 대제사장으로서 기도하십니다.

"아버지, 창세전에 내가 아버지와 함께 누리던 그 영광으로, 나를 아버지 앞에서 영광되게 하여 주십시오."(요 17:5)

모든 창조의 영광을 뛰어넘는 아름다움과 화려함이 여기에 있고, 죄의 오염이나 고뇌나 어둠의 입김은 없으며 순수함과 청렴함, 죽음의 저주 없는 영원성과 불멸성이 여기에 있습니다. 거기에는 하나님을 기뻐하고 그와 함께 하는 것 외에는 아무 것도 없습니다.

우리는 작은 일상에서 바울이 자기 동역자 디모데에게 썼던 강한 격려의 말을 찾아볼 수 있습니다.

"하나님은 찬양 받으실 분이시요, 오직 한 분이신 통치자이시요, 만왕의 왕이시요, 만 주의 주이십니다. 오직 그분만이 죽지 않으시고, 사람이 가까이 할 수 없는 빛 속에 계시고, 사람으로서는 본 일도 없고, 또 볼 수도 없는 분이십니다."(딤전 6:15하-16).

"사실, 하나님은 우리 각 사람에게서 멀리 떨어져 계시지 않습니다."(행 17:27하)

5. 인간이 되신 분

"그 말씀은 육신이 되어 우리 가운데 사셨다. 우리는 그의 영광을 보았다. 그것은 아버지께서 주신, 외아들의 영광이었다. 그는 은혜와 진리가 충만하였다"(요 1:14)

앞에서 우리는 영원의 시간 이전부터 계셨던 예수님임을 알 수 있습니다. 그러나 때가 되어 예수님은 하늘의 보좌를 떠나 이 땅에 오십니다. 세계 역사를 변화시켰던 그날이 왔고, 그날에는 '하늘이 숨을 멈추었습니다.' 하나님의 아들은 숨 막히는 '하강의 길'을 가셨던 겁니다.

"그는 하나님의 모습을 지니셨으나, 하나님과 동등함을 당연하게 생각하지 않으시고, 오히려 자기를 비워서 종의 모습을 취하시고, 사람과 같이 되셨습니다. 그는 사람의 모양으로 나타나셔서, 자기를 낮추시고, 죽기까지 순종하셨으니, 곧 십자가에 죽기까지 하셨습니다."(빌 2:6-8)

이청준이 쓴 『낮은 데로 임하소서』라는 책이 있습니다. 1981년에 홍성사에서 발간된 책인데, 주인공 안요한 목사의 삶과 믿음의 이야기가 담겨있습니다. 그 이후 안요한 목사 자신이 자서전 형태로 『낮은 데로 임하소서, 그 이후』를 2010년에 발표하였습니다.

최초의 달 탐사선 미국 아폴로 15의 탐사 선원 중 한명이었던 제임스 어윈 James B. Irwin은 이렇게 밝힙니다. "인간 역사에서 가장 위대한 날은 인간이 처음 달에 내디뎠을 때가 아니라, 하나님의 아들이 지구상에 왔을 때입니다."

이 엄청난 순간에 베들레헴 들판 위의 하늘이 찢어지고 하늘의 광명이 어둠을 비췄습니다. 그 밤은 수많은 천사들이 구세주의 도래를 목자들에게 알렸습니다. "오늘 너희에게 구세주가 나셨다."

하나님이 인간이 되셨습니다. 왜 그가 그렇게 하셨을까요? 마르틴 루터는 어떤 노래에서 이에 대한 답을 하고 있습니다: "하나님은 영원 속에서 내 가련함을 아시고, 자신의 온유함을 생각하신다네. 그는 나를 도와주시기를 원하고 아버지의 마음을 나에게 보이시며 그의 최상의 것을 지불하신다네. 그는 자기 사랑하는 아들에게 말한다네. '긍휼히 여길 때이다. 가라. 내 마음은 왕관처럼 귀하다. 가난한 자를 고치고 그들을 죄의 어려움에서 빠져나오게 하라. 그 가련한 자를 위해 쓰디쓴 죽음의 잔을 마시고 너와 영원히 살게 하여라.'"

하나님이 인간되신 사건만큼 역사적인 사건이 또 있을까요?

"그러나 기한이 찼을 때에, 하나님께서는 자기 아들을 보내셔서, 여자에게서 나게 하시고, 또한 율법 아래에 놓이게 하셨습니다. 그것은 율법 아래에 있는 사람들을 속량하시고, 우리로 하여금 자녀의 자격을 얻게 하시려는 것이었습니다." (갈 4:4-5)

6. 내 고통을 나누시는 분

"여러분은 우리 주 예수 그리스도의 은혜를 알고 있습니다. 그리스도께서는 부요하나, 여러분을 위해서 가난하게 되셨습니다. 그것은 그의 가난으로 여러분을 부요하게 하시려는 것입니다." (고후 8:9)

예수님은 완전히 인간이 되셨습니다. 한 여인에 의해 세상에 오셨고 모세의 율법에 따라 할례를 받으셨으며 그의 부모의 첫아이로서 가난한 자의 희생 제물로 드렸습니다.

하나님의 아들은 우리를 위해 가난해졌습니다! '이 세상의 뒤뜰' 마구간에서 태어나셔서 비상숙소의 구유에 누워계셨습니다. 비웃는 자들은 오늘날까지도 예수님이 혼외자식으로 이 세상에 왔고 자기의 지상의 부친이 그의 아버지가 아닐지도 모른다고 주장합니다.

처음부터 그는 생명을 위협 당했습니다. 젖먹이 때부터 예수님은, 수 백 명의 아이를 죽이려는 헤롯의 폭력통치의 검을 가까스로 피해갔습니다.

어린 아이였을 때 그는 수 백 만 명의 피난민들과 운명을 함께 나누며, 자기 부모님과 함께 낯선 문화와 종교의 땅 이집트에서 난민으로 살았습니다. (마 2:13-23)

성인이 되어서 그는 돌아갈 집도, 몸을 던져 충분히 쉴만한 침대도 가지지 못했습니다.

"예수께서 그에게 말씀하셨다. '여우도 굴이 있고, 하늘을 나는 새도 보금자리가 있으나, 인자는 머리 둘 곳이 없다.'"(눅 9:58)

자기 머리 '두었던' 곳은 자기 생명의 끝인 십자가였습니다. "'다 이루었다'라고 말씀을 하신 뒤에, 머리를 떨어뜨리시고 숨을 거두셨다."(요 19:30후)

예수님은 완전히 인간이 되었습니다! 이제 어느 누구도 '하나님이 가까이에서 잡을 수 없을 정도로 멀리있다! 그는 하늘에 있고 나는 땅에 있는데 그가 어떻게 나를 이해하며 나를 어떻게 도와줄 수 있는지!?' 라고 더이상 말하지 못합니다. 또는 '내가 느끼는 고독과 내팽겨침, 고통, 상실, 체면 손상, 멸시, 오해, 폭력, 이 모든 것을 하나님의 아들은 이해할 수가 없다' 라고 더 이상 말하지 못합니다

그렇습니다. 그는 하실 수 있습니다! 그는 이 모든 것을 자신의 몸으로 손수 겪으셨습니다.(히 2:14-18, 4:15-16) 최후의 이 땅 시민까지도 하늘의 백성이 되기 위해 하나님의 아들이 인간이 되셨습니다. 그는 "내게 오는 사람은 내가 물리치지 않을 것이다."(요 6:37하)라고 약속하십니다.

7. 역사상 가장 중요한 분

"주 이스라엘의 하나님은 찬양 받으실 분이시다. 그는 자기 백성을 돌보아 속량하시고..." (눅 1:68)

"생명이 나타나셨습니다." – 나이 든 사도 요한은 그렇게 증거하고 있습니다. 예수님과 더불어 이 땅에 태양이 떠오릅니다. 그는 우리에게 생명을 주기 위해 죽음의 땅에 자기 발을 얹습니다.

여기에 덧붙여 프리드리히 폰 보델슈빙*이 1936년 베를린 돔(교회)에서 했던 감동적 설교 몇 가지를 생각해 봅니다: "예수님은 죽음으로 나타낼만한 이 세상에 살아있는 자로 오십니다. 수천가지 고통을 가지고 그에게 다가 왔던 병자 한 사람 한 사람 속에, 어떤 상가에서 그의 귀로 들려오는 애통하는 소리 하나 하나에서, 근심과 걱정에 짓눌린 각 형상 속에서 그는 죽음의 표식을 보여주었습니다.

그리고 그는 오늘날 우리 시대에까지 그러한 것들을 보고 계십니다. 악의 더러운 물결을 통해 삶이 오염되고, 결혼이 파괴되며 마음이 어둡게 되고 양심이 화를 입는 것을 그는 보십니다. 그는 사람 속에 있는 것을 보십니다. 그가 죽음의 이 땅에 발을 내디뎠을 때만큼, 예수님의 눈앞에 나타났을 때만큼, 그렇게 측량 못할 긴 죄의 목록이 눈에 읽혀진 적이 없습니다. 정말 순수하고 명료한 하늘의 하나님 세계로부터의 하강입니다. 예수님은 모든 것을 다 보십니다.

하지만 이제 기적이 일어납니다: 살아계신 그리스도께서 혐오감이나 불쾌감으로 인해 이 죽음의 세계에서 뛰쳐나오는 게 아니라, 여전히 그 속에 머무십니다. 무거운 짐이 자기 마음에 지워집니다. 하지만 그는 그것을 견디어 냅니다."

예수님의 탄생이 B.C.로 A.D.로 나누는 기준점이 되며 이로써 그가 우리 인류 역사상 가장 중요한 분임을 알 수 있습니다.

예수님은 왕의 망토 대신 하인의 옷을 입고 나타나셨습니다. 하늘의 왕관 대신 십자가의 고통스런 가시관을 쓰고 나타나셨습니다. 그리고는 죽음의 인간에서 빛의 인간으로 만들어 결국 하늘나라에까지 이르게 하는 과정, 즉 구원의 작업을 깊이 수행하고 계십니다. 그렇게 해서 하나님 아들은 세상사에서 가장 중요한 인물이 되는 것입니다.

행 4:12, 히 13:8, 계 1:5-8을 읽어보십시오.

"이것은 우리 하나님의 자비로운 심정에서 오는 것이다. 그는 해를 하늘 높이 뜨게 하셔서, 어둠 속과 죽음의 그늘 아래에 앉아 있는 사람들에게 빛을 비추게 하시고, 우리의 발을 평화의 길로 인도하실 것이다."(눅 1:78-79)

---

* Friedrich von Bodelschwingh (1877-1946)은 1910년 자신의 아버지에 의해 건립된 벧엘 병원 원장직을 물려받습니다.

8. 전례 없이 자기 삶을 포기하신 분

"그는 하나님의 모습을 지니셨으나, 하나님과 동등함을 당연하게 생각하지 않으시고, 오히려 자기를 비워서 종의 모습을 취하시고, 사람과 같이 되셨습니다. 그는 사람의 모양으로 나타나셔서, 자기를 낮추시고, 죽기까지 순종하셨으니, 곧 십자가에 죽기까지 하셨습니다." (빌 2:6-8)

하늘에 계신 아버지의 영광 속에서 예수 자신이 이렇게 삶을 포기한다는 것은 어떤 의미를 가집니까? 우리가 읽는 본문은 예수님이 모든 면에서 하나님과 동일하시지만 자신의 우선권을 고집하지 않는다는 것을 예감하게 해줍니다. 그는 자기 힘과 우월성을 붙들지 않고 오히려 그것들을 다 내려놓고 인간이 되셨습니다.

더 나아가 그는 아무 권한 없는 노예처럼 종이 되셨습니다. 그는 자신이 누구인지도 알았고, 자기 스스로 아무것도 아닌 자로 만들었습니다. 이것은 사람들이 생각할 수 있는 모든 것을 뛰어넘습니다.

우리는 '우리 권한에 속하는' 최후의 것까지 방어하지 않습니까? 이를테면 우리 급여나 휴식, 발언권, 인정받으려는 권리, 교회에서의 위치, 기득권 같은 것 말입니다. 하지만 예수님은 기꺼이 하늘을 포기하십니다. 별거 수당이나 위험수당 받지 않고 말입니다.

- 하늘과 땅의 창조자는 자기 피조물이 그의 사랑을 체험하고 받아들이도록 그 피조물의 손에 자신을 내 맡겨버렸습니다.

- 세상의 심판자는 죄 지은 인류에 대해 말할 수밖에 없는 심판을 스스로 지고가기 위해 길을 떠났습니다.

- 영원한 왕은 민중 가까이 보여주는 어떤 정치가처럼 – 이 경우 보디가드에 의해 둘러싸여 있습니다 – 그냥 단순히 '군중 속에 목욕'을 하는 게 아니었습니다. 배후의 안전장치도 없이 예수님은 자신의 강함을 다 포기하고 죽기까지 상하셨던 것입니다.

- 만주의 주께서는 우리 인간을 섬기기 위해, 우리의 삶과 나누기 위해, 우리를 구원하기 위해, 낮은 곳으로 내려오셨습니다. 그는 그에게 주어진 모든 인정과 명예를 포기했습니다. 그는 '사람들이 얼굴을 돌릴'(사53:3)만큼 멸시 당하셨습니다. 이사야 선지자가 이 하나님의 종을 묘사하고 있는 역동적인 말들은 우리를 감사와 경배로 이끕니다.

이사야서 53:1-8을 읽어보십시오!

9. 우리를 위해 죄인 되신 분

"하나님께서는 죄를 모르시는 분에게 우리 대신으로 죄를 씌우셨습니다. 그것은 우리가 그리스도 안에서 하나님의 의가 되게 하시려는 것입니다." (고후 5:21)

신학자 헤르만 베첼(1861-1917)*에게 있어 큰 주제는 예수님이었는데, 우리가 매어있고 영원히 연합할 수 있도록 우리 삶 속으로 내려오신 주님이었습니다. 요한복음 1:14을 해설하면서 그는 다음과 같이 기록하고 있습니다.

"하나님은 죄가 얼마나 인간을 황폐케 하고 조그마한 시작에서부터 간과할 수 없는 높이에까지 자라는지 보신 것입니다. 하나님은 인간들이 죄 때문에 고통당하는 것을 보셨습니다. 그래서 그의 아들을, 인간 존재의 짐과 죄를 아셨을 뿐 아니라 자신의 육신으로 체험하기 위해, 주신 것입니다. 그는 인간의 삶의 끔찍함 속으로, 높고 깊은 곳, 환희와 슬픔 속으로 내려오신 것입니다. 그는 자비롭게도 죄의 현실을 겪으시려고 했습니다.

보십시오. 그것이 바로 예수 그리스도의 위대함입니다! 그는 한 인간이 할 수 있는 바로 그 각각의 죄를 통째로 고통 겪으셨습니다. 죄가 달콤하게 유혹하는 모든 것, 즉 죄가 약속한 쾌락, 죄가 기대하는 이득, 욕망의 순간... 예수님은 권력에의 시험과 꾐이 마치 유혹의 명주 실타래처럼 자기를 엄습하도록 하셨습니다. 하지만 그는 결코 죄에 들어서지 않으셨습니다."

여기에 벧전 2:21-24의 말씀을 덧붙여 생각해 봅니다.

'하나님과 함께하는 시간 Zeit mit Gott'의 어느 여 독자는 다음과 같이 썼습니다. "이 텍스트를 곰곰이 생각하는 동안 나는 그것이 얼마나 진지한 것인지 갑자기 깨닫게 되었습니다! 예수님은 영원한 구원에 이르는 다른 길이 없기 때문에 이 어려운 희생의 길을 가셔야만 했습니다. 나는 크리스천으로서 얼마나 경박하게 살아가고 있고 그저 습관적으로 그냥 '덤으로' 믿고 있는지 경악했습니다. 여기서는 삶과 죽음이 문제 됩니다. 내가 매일 만나는 사람들과 내 자신에 해당되는 죽느냐 사느냐의 문제입니다."

이것이 오늘날 나에게 무엇을 의미하고 있습니까?

"그 말씀은 육신이 되어 우리 가운데 사셨다. 우리는 그의 영광을 보았다. 그것은 아버지께서 주신, 외아들의 영광이었다. 그는 은혜와 진리가 충만하였다"(요 1:14)

* Hermann Bezzel은 1891-1909년 간 Neuendettelsau 디아코니센 무터하우스를 이끌었고, 1907-1917년 사이에 바이에른 주연방교회 회장을 역임했음.

10. 죄인들의 친구되신 분

"예수께서 거기에서 떠나서 길을 가시다가, 마태라는 사람이 세관에 앉아 있는 것을 보시고 말씀하셨다. '나를 따라 오너라.' 그는 일어나서, 예수를 따라갔다. 예수께서 집에서 음식을 드시는데, 많은 세리와 죄인이 와서, 예수와 그 제자들과 자리를 같이 하였다. 바리새파 사람들이 이것을 보고, 예수의 제자들에게 말하였다. '어찌하여 당신네 선생은 세리와 죄인과 어울려서 음식을 드시오?' 예수께서 그 말을 들으시고서 말씀하셨다. '건강한 사람에게는 의사가 필요하지 않으나, 병든 사람에게는 필요하다. 너희는 가서 '내가 바라는 것은 자비요, 희생제물이 아니다' 하신 말씀이 무슨 뜻인지 배워라. 나는 의인을 부르러 온 것이 아니라, 죄인을 부르러 왔다.'"
(마 9:9-13)

예수님께서 만약 단 한 번이라도 시험을 받아 죄에 굴복했다면 어떻게 되었겠습니까? 그는 아마 역사에 그저 착한 사람, 영리한 설교자로만 기억될 것입니다. 아마 오늘날까지 그의 특별한 인격이나 권능의 연설을 발하는 매력 때문에 큰 홀을 가득 채울 것입니다. 하지만 가난한 자들의 초라한 집과 가련한 자들의 무너진 가슴은 아무런 위로나, 빛, 도움 없이 그대로 머물러 있을 것입니다.

예수님께서 자기 임무에 신실히 머물러 계셨던 것이 얼마나 좋은지요. 그는 오늘도 각자 한 사람 한 사람에 대한 사랑으로 가득 차 있습니다.

헤르만 베첼은 다음과 같이 기록합니다.

"당신 스스로가 짐이 되고 더 이상 감당하기 힘들 때 – 이것이 당신의 최악의 시기는 아닙니다 – 이미 그는 당신을 삶의 비참함으로부터 벗어나게 해서 자기에게로 이끌 준비가 되어 있습니다. 그러면 당신은 그에게 모든 걸 말하고 아뢸 수 있습니다. 주님께서 당신을 해독할 필요가 없습니다. 당신이 누군지 아시고 당신을 절대로 포기하지 않으실 겁니다.

예수님은 누구를 위해 거기에 계신지 말해보십시오. 그는 자기 생명을 바칠만한 그런 사람을 위해 고난당했습니까? 아닙니다. 다시 말하지만, 아닙니다! 그는 가련하고 하나님을 믿지 않는 사람들을 위해 고통의 길을 가셨습니다... 내가 크고 넓은 이 세상에서 바로 이 한 분 을 가지고 있고... 이 분에게서, 두려워하거나 오해할 필요 없이, 맘껏 울고 말할 수 있습니다... 그분께 나는 말할 수 있습니다. '주님, 당신은 죄와 시험이 무엇인지 알고 계십니다. 당신은 이 세상의 죄를 짊어지십니다. 나는 내 마음을 토합니다. 나는 당신을 믿습니다!'"

"그러나 우리에게는 하늘에 올라가신 위대한 대제사장이신 하나님의 아들 예수가 계십니다. 그러므로 우리의 신앙고백을 굳게 지킵시다. 우리의 대제사장은 우리의 연약함을 동정하지 못하시는 분이 아닙니다. 그는 모든 점에서 우리와 마찬가지로 시험을 받으셨지만, 죄는 없으십니다. 그러므로 우리는 담대하게 은혜의 보좌로 나아갑시다. 그리하여 우리가 자비를 받고 은혜를 입어서,

제 때에 주시는 도움을 받도록 합시다."(히 4:14-16)

"여러분이 아는 대로, 그리스도께서는 죄를 없애려고 나타나셨습니다. 그리스도는 죄가 없는 분이십니다."(요일 3:5)

천성을 향해 가는 성도들아 앞길의 장애를 두려워마라
성령이 너를 인도하시리니 왜 지체를 하고 있느냐

너 가는 길을 누가 비웃거든 확실한 증거를 보여주어라
성령이 친히 감화하여 주사 그들도 참 길을 찾으리

너 가는 길을 모두 가기 전에 네 손에 든 검을 꽂지 말아라
저 마귀 흉계 모두 깨뜨리고 끝까지 잘 싸워 이겨라

앞으로 앞으로 천성을 향해 나가세 천성문만 바라고 나가세
모든 천사 너희를 영접하러 문 앞에 기다려 서 있네
(찬송가 359장, '천성을 향해 가는 성도들아')

11. 내 삶의 처음이신 분

"그리고 엿새 뒤에, 예수께서는 베드로와 야고보와 그의 동생 요한을 따로 데리고서 높은 산에 올라가셨다. 그런데 그들이 보는 앞에서 그의 모습이 변하였다. 그의 얼굴은 해와 같이 빛나고, 옷은 빛과 같이 희게 되었다. 그리고 모세와 엘리야가 그들에게 나타나더니, 예수와 더불어 말을 나누었다. 그 때에 베드로가 예수께 말하였다. '선생님, 우리가 여기에 있는 것이 좋습니다. 원하시면, 제가 여기에다가 초막을 셋 지어서, 하나에는 선생님을, 하나에는 모세를, 하나에는 엘리야를 모시도록 하겠습니다.' 베드로가 아직도 말을 하고 있는데, 갑자기 빛나는 구름이 그들을 뒤덮었다. 그리고 구름 속에서 '이는 내 사랑하는 아들이다. 나는 그를 좋아한다. 너희는 그의 말을 들어라' 하는 소리가 들려 왔다. 제자들은 이 말을 듣고서, 얼굴을 땅에 대고 엎드렸으며, 몹시 두려워하였다 . 예수께서 가까이 오셔서, 그들에게 손을 대시고 말씀하셨다. '일어나거라. 두려워하지 말아라.' 그들이 눈을 들어서 보니, 예수 밖에는 아무도 없었다." (마 17:1-8)

베스트팔렌의 어느 교회 설교단에 두 개의 단어 문구가 걸려있습니다. '오직 예수!' 누구도 그것을 안 보고 그냥 지나칠 수 없습니다. 믿음에서도 지금도 존재하는 가장 중요한 시선입니다.

그 교회 어느 부인이 말합니다. "내가 설교단 아래 앉아 있을 때 종종, '오직 예수!' 라는 이 글을 봄으로써 위로와 용기, 길안내, 교정거리 등을 얻습니다." 하지만 주일의 이 체험이 진정 일상으로까지 영향을 미칩니까?

"말씀을 행하는 사람이 되십시오. 그저 듣기만 하여 자신을 속이는 사람이 되지 마십시오. 말씀을 듣고도 행하지 않는 사람은 있는 그대로의 자기 얼굴을 거울 속을 들여다보기만 하는 사람과 같습니다. 이런 사람은 자기의 모습을 보고 떠나가서 그것이 어떠한지를 곧 잊어버리는 사람입니다. 그러나 완전한 율법 곧 자유를 주는 율법을 잘 살피고 끊임없이 그대로 사는 사람은, 율법을 듣고서 잊어버리는 사람이 아니라, 그것을 실행하는 사람인 것입니다. 이런 사람은 그가 행한 일에 복을 받을 것입니다."(약 1:22-25)

예수님이 "모든 면에서 첫 자리에 서셔야 합니다."(골 1:18) 실제로 그렇습니까? 기쁜 순간의 행복이나 일상의 스트레스 속에서, 힘을 소진시키는 작업 속에서, 상속을 둘러싼 심리 때나 집을 팔 경우에도..?
우리의 우선순위는 주님께 두어야 합니다.

이 부인은 계속 이렇게 말합니다. "저녁에 나는 성경에서 다음 구절을 읽습니다. 나더러 '주님, 주님' 하는 사람이라고 해서, 다 하늘나라에 들어가는 것이 아니다. 하늘에 계신 내 아버지의 뜻을 행하는 사람이라야 들어간다."(마 7:21) 나는 깜짝 놀랐습니다. 나는 오늘날 모든 것을 정말 혼자서 결정했습니다. 나의 시간 계획, 쇼핑 때 지출, 인터넷 검색, 누구와의 약속 등.

언제 하나님의 뜻을 물어본 적이 있었을까? '예수 우선'은 없었고, 그의 뜻을 위해 포기한다든지 냉랭한 이웃에 대한 사랑이라든지 용기 있는 고백은 하지 못했습니다... 나는 부끄러웠습니다. 하루 종일 가장 중요한 것을 생각하지 못했으니까요! 나는 내 자신에 환멸을 느낄 지경이었습니다.

하지만 미가서 7장 8절이 생각났습니다. "내 원수야, 내가 당하는 고난을 보고서, 미리 흐뭇해하지 말아라. 나는 넘어져도 다시 일어난다. 지금은 어둠 속에 있지만, 주님께서 곧 나의 빛이 되신다."(미 7:8)

나는 예수님에게로 감히 나아갔습니다. 그리고 모든 것을 말했습니다. 나는 주님께 용서를 구했습니다. 그런데 그가 나를 다시 기쁘게 하셨습니다."

"내 영혼아, 주님을 찬송하여라. 마음을 다하여 그 거룩하신 이름을 찬송하여라. 내 영혼아, 주님을 찬송하여라. 주님이 베푸신 모든 은혜를 잊지 말아라. 주님은 너의 모든 죄를 용서해 주시는 분, 모든 병을 고쳐 주시는 분이시다."(시 103:1-3)

"그분은 교회라는 몸의 머리이십니다. 그는 근원이시며, 죽은 사람들 가운데서 제일 먼저 살아나신 분이십니다. 이는 그분이 만물 가운데서 으뜸이 되시기 위함입니다."(골 1:18)

12. 아침에 첫 번째로 뵐 분

"주님, 나를 대적하는 자들이 어찌 이렇게도 많습니까? 나를 치려고 일어서는 자들이 어찌 이렇게도 많습니까? 나를 빗대어 '하나님도 너를 돕지 않는다' 하고 빈정대는 자들이 어찌 이렇게도 많습니까? (셀라) 그러나 주님, 주님은 나를 에워싸주는 방패, 나의 영광, 나의 머리를 들게 하시는 분이시니, 내가 주님을 바라보며 소리 높여 부르짖을 때에, 주님께서는 그 거룩한 산에서 응답하여 주십니다. (셀라) 내가 누워 곤하게 잠 들어도 또다시 깨어나게 되는 것은, 주님께서 나를 붙들어 주시기 때문입니다. 나를 대적하여 사방에 진을 친 자들이 천만 대군이라 하여도, 나는 두려워하지 않으렵니다. 주님, 일어나십시오. 나의 하나님, 이 몸을 구원해 주십시오. 아, 주님께서 내 모든 원수들의 뺨을 치시고, 악인들의 이를 부러뜨리셨습니다. 구원은 주님께만 있습니다. 주님의 백성에게 복을 내려 주십시오. (셀라)"
(시 3:1-8)

오늘날에 우리는 수천가지 걱정과 불안에 지배당할 때가 많습니다. 맹금류처럼 그것들은 우리 생각이나 감정으로 치고 들어옵니다. 산더미 같은 일, 어려운 만남이나 결정, 불편한 어떤 병원 방문.. 몇 초 안에, 모든 것이 그렇지는 않지만, 우리 내면의 눈앞에 진행되어 우리 마음을 압박할 수 있습니다.

다윗에게도 그랬습니다. 악에 대한 감정의 다발 가운데로 원수를 물리치기 위해 그는 자기의 하루에 믿음의 길을 냅니다. "그러

나 주님, 주님은 나를 에워싸 주는 방패, 나의 영광, 나의 머리를 들게 하시는 분이십니다."(시 3:3)

그러나 주님! 이 시선 변화는 우리가 불안과 압박에서 벗어나도록 도와주십니다. "내 마음이 번거로울 때에는, 주님의 위로가 나를 달래줍니다."(시 94:19) 나는 일어나기 전 내 날에 대한 책임을 예수님께 이미 내어놓을 수 있습니다.

예를 들면 이런 겁니다: 주 예수 그리스도여, 당신은 하늘과 땅의 통치자이십니다. 나는 당신께 속합니다. 하루 종일 당신의 전능하신 승리 아래에 나를 둡니다!

어느 여선생님이 다음과 같이 보고합니다. "시계 알람이 울리고 압박이 나를 엄습합니다. 다시 월요일, 6시간 강의, 또 다시 불안한 수업, 존경심 없는 학생들, 어려운 주제들… 나는 충분히 준비했지 않았는가? 내가 처음 잡는 것은 베개 옆에 있는 작은 기독교 방송. 예수님의 아침 인사 같은 것이 나에게 직접 다가옵니다. 수백만의 천사를 다스리시는 그가, 수 없는 내 걱정을 아십니다. 어느 누구도 할 수 없는…"

파악할 수 없는 압박이 놀라움으로 바뀝니다. 그렇습니다! 예수님은 나에게 이 날에 길을 예비하십니다. 그가 첫 번째 분입니다. 그는 나보다 먼저 가십니다. 그는 나와 교실 사이에 서계십니다. 그는 나에게 어려운 학생들을 위해서도 바른 말과 사랑을 선사하십니다.

새벽기도를 규칙적으로 나가는 분들은 참 좋은 습관을 가진 셈입니다. 새벽 혹은 아침에 주님께 나가 하루의 첫 시간을 주님께 드리는 것이 얼마나 귀중한지 모릅니다. 새벽기도 마지막에는 오늘 계획된 일들을 생각하며 주님께 도움 구하는 시간이 얼마나 귀하고 소중한지 모릅니다.

저 장미꽃 위의 이슬 아직 맺혀 있는 그때에
귀에 은은히 소리 들리니 주 음성 분명하다
주님 나와 동행 하면서 나를 친구 삼으셨네
우리 서로 받은 그 기쁨을 알 사람이 없도다

(찬송가 442장, '저 장미꽃 위에 이슬')

13. 처음과 나중 되신 분

"그 아들은 보이지 않는 하나님의 형상이시요, 모든 피조물보다 먼저 나신 분이십니다. 만물이 그분 안에서 창조되었습니다. 하늘에 있는 것들과 땅에 있는 것들, 보이는 것들과 보이지 않는 것들, 왕권이나 주권이나 권력이나 권세나 할 것 없이, 모든 것이 그분으로 말미암아 창조되었고, 그분을 위하여 창조되었습니다. 그분은 만물보다 먼저 계시고, 만물은 그분 안에서 존속합니다. 그분은 교회라는 몸의 머리이십니다. 그는 근원이시며, 죽은 사람들 가운데서 제일 먼저 살아나신 분이십니다. 이는 그분이 만물 가운데서 으뜸이 되시기 위함입니다." (골 1:15-18)

예수님 – 주여, 당신은 누구십니까? 오늘 본문을 깊이 묵상하면서 우리 마음속에 지나간 날들의 내용을 다시 발견해봅시다.

주 예수 그리스도,
- 당신은 모든 것 중 처음입니다!
- 당신은 하늘과 땅이 만들어지기 전 그곳에 계셨습니다.(골 1:17)
- 당신은, 당신을 통해, 또 당신 안에서 창조된 주님이십니다. (골 1:16-17)
- 당신은 세상 만물을 관장하는 모든 생명과 힘의 원천입니다. (고전 8:6)
- 당신은 모든 권세와 폭력 위에 군림하시는 주님입니다.(골2 :10)
- 당신은 공동체의 머리입니다.(골 1:18)

- 당신은 죽음에서 헛되지 않은 생명으로 부활하신 첫 열매이며, 삶과 죽음의 처음이십니다.(고전 15:20, 23)
- 당신은 미래의 주인이십니다.(엡 1:9-10)

예수님이 말씀하십니다. "두려워하지 말아라. 나는 처음이며 마지막이요, 살아 있는 자다. 나는 한 번 죽었으나, 보아라, 영원무궁 하도록 살아 있어서, 사망과 지옥의 열쇠를 가지고 있다." (계 1:17-18)

우리는 욥의 불굴의 전망과 강한 위로를 우리의 오늘날에 가져다 봅시다.(욥 19:25)

필립 프리드리히 힐러(1699-1769) 목사는 52세 때 거의 목소리를 잃어 죽기까지 설교를 더 이상 할 수 없었습니다. 그가 고통 중에 썼던 노래 가사를 오늘날도 우리는 노래합니다.

"왕으로 다스리시는 예수 그리스도, 모든 것이 그에게 무릎 꿇고, 하나님 발 앞에 엎드립니다. 모든 입술은, 예수님이 주이시고 영광을 받을 만한 자이심을 고백할 수밖에 없습니다."

하나님이 물으심

대화는 처음부터 우리 인간에 대한 하나님의 유일무이한 역사에 속합니다. 우리는 크리스천이 되면서 하나님과 대화하고, 그럼으로써 그의 대화 파트너가 되는 가치를 부여받았습니다.

하나님은 대화의 끈을 항상 질문을 통해 유지하신다는 게 눈에 띕니다. 그의 질문은 우리로 하여금 대답-하게 하십니다. 우리를 심문의 대상이 아니라 자기 공동체로 초대하시는 것입니다. 소위 사람들이 개인에게 주어지는 질문을 '면-대-면-질문'이라 하듯, 하나님은 우리와 '얼굴과 얼굴'을 맞대고 대화하시기를 원하십니다.

하나님과의 대화. 고1 때 담임 선생님이 교회 나가기를 권유했을 당시, '이성교제나 하는 교회를 왜 나갑니까?'라고 고지식하게 따졌는데, 그 담임 선생님께서 "교회는 하나님과 대화하는 곳이야"라고 하신 말씀이 기억납니다. 너무나 부끄러운 일이었습니다.

저하고 친한 교수님은 수업을 문답식으로 하기로 유명합니다. 마치 소크라테스가 문답법 수업을 좋아했듯이 말입니다. 그래서 그 분은 학생들에게 늘 질문을 던지고 또 자기에게 질문하도록 합니다. 더구나 질문하는 학생들에게 가산점을 부여합니다. 생동감 있는 수업을 기대하는 거지요.

복음 시대의 사람들은 얼마나 좋았을까요? 하나님의 말씀을 놀라운 방법으로 듣고 심지어 예수님과 만나 직접 대화를 할 수 있었기에 말입니다.

하지만 우리는 주님을 대면해서 대하지는 못하지만 글로 쓰인 하나님 말씀을 가지고 있습니다. 그나마 얼마나 큰 축복입니까! 하나님 스스로 그의 자녀들을 돌보고 있다는 증거입니다. 아마도 우리가 개인적 삶에서 하나님께 던지는 질문이 많지 않은 건 우리가 너무 적은 양의 성경을 읽기 때문은 아닌가요? 우리도 실시간 주님과 대화하며 동행하는 삶을 살아가기 위해서는 성경을 읽고 하나님과의 대화의 끈을 놓지 않는 것입니다.

칠흑같이 어둡고 복잡한 현실을 살아가는 우리는 성냥불로만 나아가기 어렵습니다. 말씀을 성냥불이 아니라 횃불로 밝혀야 합니다. 간당간당한 말씀의 한 자락만 붙들기보다 하나님 말씀에 심취하여 충분히 그 말씀을 깨닫고 내 몸에 체화시켜야 합니다.

유대 민족의 장로들에게 예수님은 "내가 물어도 너희들이 대답하지 않는다"(눅 22:68)고 말씀하십니다. 하나님께로부터 질문 받는 것, 이보다 더 큰 특권이 있을까요?

여기서 하나님은 성령과 생명이 가득 찬 채로 우리의 심령에 말하십니다. 그는 하늘에 계신 우리 아버지이시요, 우리가 생각할 때나 판단할 때, 말할 때, 행동할 때, 맡길 때에 기꺼이 대화 파트너의 권한을 갖고 싶어 하십니다. 그는 우리가 자신을 아는 것보다 우리를 더 잘 아시는, 우리를 창조하신 분입니다. 주님의 질문에 영적으로 더욱 민감하면 얼마나 좋겠습니까? 오늘 다시 하나님 말씀과 또 그의 질문에 시간 투자하기를 주저하지 맙시다. 지금이라도 늦지 않습니다! 이제 하나님의 질문을 찾아 떠나가 봅시다.

1. "아담아, 네가 어디에 있느냐?"

"하나님이 물으셨다. '네가 벗은 몸이라고, 누가 일러주더냐? 내가 너더러 먹지 말라고 한 그 나무의 열매를, 네가 먹었느냐?' 그 남자는 핑계를 대었다. '하나님께서 저와 함께 살라고 짝지어 주신 여자, 그 여자가 그 나무의 열매를 저에게 주기에, 제가 그것을 먹었습니다.' 주 하나님이 그 여자에게 물으셨다. '너는 어쩌다가 이런 일을 저질렀느냐?' 여자도 핑계를 대었다. '뱀이 저를 꾀어서 먹었습니다.'" (창 3:11-13)

성경에서 하나님의 첫 번째 질문은 아담에게로 향합니다. 아담은 자기 부인 하와와 함께 나무 뒤에 숨었습니다. 아담은 정말 떨어진 나뭇잎이 창조주의 눈에서 그들을 보호해줄 거라고 생각했겠습니까? 우리가 아무리 가리고 은폐해도 하나님에게는 모든 것이 다 드러납니다. 숨바꼭질을 하면 들키지 않으려고 얼마나 꼭꼭 숨습니까? 그런데 술래가 찾기 어려운 곳에 숨은 친구들은 찾지 못한다 해도 하나님에게는 숨길 것이 없습니다. 모든 게 다 드러납니다. 민망한 일이나 범죄한 사실을 일시적으로는 숨기고 모면할 수 있을지 모르지만, 결국에는 모든 것이 드러납니다.

다윗도 이렇게 말했습니다. "내가 주님의 얼굴을 피해서 어디로 도망치겠습니까? 내가 하늘로 올라가더라도 주님께서는 거기에 계시고, 스올에다 자리를 펴더라도 주님은 거기에도 계십니다."(시 139:7하-8)

'네가 어디에 있느냐?' 라는 이 질문 속에는 하나님의 아픔이 놓여있습니다. 그의 사랑스런 인간, 자신과 똑같은 형상물인 파트너는, 하나님을 신뢰하지 못하고 멀리 떠나 있습니다. 하지만 하나님은 단지 슬퍼만 하지 않습니다. 그는 찾으십니다. 성경에는 하나님이 인간에게 다가가는 예는 수없이 발견됩니다.

작은 거짓말을 감추려다가 더 큰 거짓말을 하게 됩니다. 변명을 하다보면 그게 가지를 쳐서 나중에는 수습할 수 없는 엄청난 결과를 가져오게 되지요. 보십시오. 아담과 하와의 범죄로 인해 우리의 원죄가 생겼고 우리 인간은 에덴동산에서 쫓겨나 결국 이런 원죄를 사하기 위해 하나님은 독생자를 제2의 아담으로 보내셔서 십자가에 못 박혀 죽으신 것 아닙니까?

노벨문학상을 받은 독일의 전후작가이면서 가톨릭 신자인 하인리히 뷜의 작품 중에 『아담, 너 어디에 있었니?』가 있습니다. 전후작가인데, 이 질문에서, 크리스천이라고 자처하는 너희들은 이 땅에서 뭘 하고 있었냐고 묻고 있습니다. 히틀러 집정의 전쟁 시기에, 또 폐허로 변한 전후 현실에 살아가면서 어떤 실천적 행동을 하면서 살아갔는가 하는 크리스천의 사회적 책무를 묻는 겁니다.

하나님이 정말 어떤 분인지, 또 당신이 하나님에게 어떤 가치가 있는지를 알고 싶다면, '네가 어디에 있느냐?'라는 질문을 가슴에 새겨보십시오. 우리 인간에게는 하나님이 그 '부끄러워하는 자'들을 숲 밖으로 끌어 내지 않고 질문을 던진다는 게 낯설어 보입니다.

하나님은 질문을 던지기만 하는 것이 아니라 대답을 하게 하시고, 그들의 불신앙과 불순종의 결과를 그들에게 내보이려고 하십니다. 불신앙과 불순종은 창조주와 피조물 사이에 깊은 골을 만들어 놓았습니다. 그들의 행위는 비통한 결과를 가져왔습니다. 오늘날까지 말입니다.

하지만 하나님은 그것을 그냥 내버려두지 않으십니다. 그는 그와 우리 사이의 관계를 다시 회복시키기를 원합니다. 인간의 벌거벗음을 덮어주기 위해 두 짐승이 죽어야했습니다.

하나님이 자신의 사랑하는 아들을 십자가에 죽게 하신 그 희생 제물은 훨씬 크고 완전합니다. 이 희생이야말로 사실, 누군가의 죄가 발견된다면, 모든 죄악을 다 덮을 수 있습니다.

2. "네 아우가 어디에 있느냐?"

"주님께서 아벨과 그의 바친 제물은 반기셨으나, 가인과 그가 바친 제물은 반기지 않으셨다. 그래서 가인은 몹시 화가 나서, 얼굴빛이 달라졌다. 주님께서 가인에게 말씀하셨다. '어찌하여 네가 화를 내느냐? 얼굴빛이 달라지는 까닭이 무엇이냐? 네가 올바른 일을 하였다면, 어찌하여 얼굴빛이 달라지느냐? 네가 올바르지 못한 일을 하였으니, 죄가 너의 문에 도사리고 앉아서, 너를 지배하려고 한다. 너는 그 죄를 잘 다스려야 한다.' 가인이 아우 아벨에게 말하였다. '우리들로 나가자.' 그들이 들에 있을 때에, 가인이 그의 아우 아벨을 쳐죽였다. 주님께서 가인에게 물으셨다. '너의 아우 아벨이 어디에 있느냐?' 그가 대답하였다. '모릅니다. 제가 아우를 지키는 사람입니까?'" (창 4:4하-9)

형제간에 우애 있는 가정을 보면 참 부럽습니다. 적지 않은 가정이 형제자매 간의 관계로 인해 힘든 경우가 많습니다. 교회 활동도 마찬가지입니다. 그래서 성경은 '웃는 자와 함께 즐거워하고 우는 자와 함께 울라' 라고 교훈하고 있습니다.

제 고등학교 모교의 교훈이 네 가지 강령*으로 되어 있는데, 그 중 하나가 이것입니다. 설립자가 건학 이념을 성경에서 잘 가져왔습니다. 참으로 진리가 담긴 훌륭한 교훈이라 생각됩니다. 더욱이 이 학교의 상징은 오뚝이 입니다. 7전 8기의 오뚝이 정신이 아무리 실패하더라도 새로운 희망을 주는 기독교적 이념이 담겨있다고 볼 수 있습니다. 우리는 좌절을 딛고 일어선 감동적인 스토리를 알고 있습니다. 현실의 벽을 뛰어 넘는 것이 기독교입니다.

지그프리트 케틀링은 '형제성의 기본 모델'을, 성경에서 처음으로 형제로 나오는, 가인과 아벨 간의 관계로 기록하고 있습니다. 그는 우리가 천성적으로 '형제로' 살아가는 게 얼마나 맞지 않는지를 보여줍니다. 가인은 하나님께서 아벨의 제사는 받으면서 자신의 제사를 받지 않으시는 것을 참아내지 못합니다. 히브리서에 다음 내용이 기록되어 있습니다.

"믿음으로 아벨은 가인보다 더 나은 제물을 드림으로써 그는 의인이라는 증언을 받았으니, 하나님께서 그의 예물에 대하여 증언하여 주신 것입니다. 그는 죽었지만, 이 믿음으로 말미암아 아직도 말하고 있습니다."(히 11:4)

여기서 우리가 결론 내릴 수 있는 것은 가인에게는 하나님에 대한 믿음이 없었다는 것입니다. 그래서 그의 생각 속에서 악한 것이 퍼져나갈 수 있었습니다. 하나님에게 자신의 시기심을 드러내는 대신 가인은 자기 동생을 죽입니다. 하나님은 가인에게 – 자기 아버지 아담에게 던졌던 것과 비슷하게 – '네 동생 아벨이 어디에 있느냐?'라고 묻습니다. 이로써 그는 살인자에게 솔직한 자백을 위한 다리를 놓고 있습니다. 다른 것으로는 사람이 화평을 찾을 수 없기 때문입니다.

하지만 가인은 '내가 어떻게 압니까?'라고 거짓 변명을 합니다.

게다가 냉소적으로 다음과 같이 반문합니다. "내가 동생을 지키는 자입니까?"

우리 모두는 '자기가 조심을 해야지!', 또는 '나하고 무슨 상관이냐?' 라는 생각을 했다는 것을 알 수 있습니다. 우리 형제나 자매가 문제될 때 하나님이 우리 핑계를 너그럽게 봐주지는 않습니다. 그들은 자기 소유물입니다. 그들을 제 것으로 만들려는 사람은 소유주와 직접 관계해야 합니다. 주님은 산상교훈에서 형제에 관한 질문을 극대화하고 있습니다.(마 5:21-24)

예수-제자들은 가인의 속성이 우리 모두 속에도 숨겨져 있다는 것을 파악해야 합니다. 형제 살해, 분노, 증오, 그리고 악한 말이 똑같은 근원, 즉 우리 인간의 심성에서 흘러나옵니다. 가인의 도발적인 반문에 대해 나는 오늘 내 마음에서 나의 하나님이 주시는 다음과 같은 대답을 찾게 됩니다. "그래, 너는 내 형제를 지키는 자가 되어라! 내 사랑과 영이 그것을 가능하게 하겠다!"

---

* "나는 하나님과 사람과 자연을 사랑하는 사람이 되련다. 나는 마음껏 자라며 마음껏 생각하며 마음껏 일하는 사람이 되련다. 나는 웃는 사람과 함께 웃고 우는 사람과 함께 우는 사람이 되련다. 나는 조국과 인류가 나를 기다리고 있음을 잊지 않는다."

3. "네가 어디서 와서 어디로 가느냐?"

"사래가 하갈을 학대하니, 하갈이 사래 앞에서 도망하였다. 주님의 천사가 사막에 있는 샘 곁에서 하갈을 만났다. 그 샘은 수르로 가는 길 옆에 있다. 천사가 물었다. '사래의 종 하갈아, 네가 어디서 와서, 어디로 가는 길이냐?' 하갈이 대답하였다. '나의 여주인 사래에게서 도망하여 나오는 길입니다.' 주님의 천사가 그에게 말하였다. '너의 여주인에게로 돌아가서, 그에게 복종하면서 살아라.' 주님의 천사가 그에게 또 일렀다. '내가 너에게 많은 자손을 주겠다. 자손이 셀 수도 없을만큼 불어나게 하겠다.'" (창16:6하-10)

어디서 왔는지 사래의 하녀 하갈은 알고 있었습니다. 그런데 어디로 가는지는 알지 못했습니다. 하갈은 아무 생각 없이 여주인에게서 도망 나왔던 겁니다. 무슨 일이 일어났나요? 아브람과 사래는 나이가 들도록 하나님이 오래전부터 약속한 아들을 더 이상 기다릴 수가 없었습니다. 그들에게 하나의 대안, 즉 하갈이 아브람의 아들을 낳는 길밖에 없었습니다. 이러한 경우는 당시 매우 일반적인 질서에 해당되었습니다. 하지만 우리 세상의 법 앞에 옳은 것도 하나님 편에서 보면 당치 않은 경우가 있습니다.

독자적 권력은 대체로 새로운 문제를 낳게 됩니다. 하갈이 임신하게 되어 불임인 여주인에 의기양양합니다. 결국은 하갈의 도주로 이어집니다. 하갈은 그 상황을 더 이상 참을 수 없습니다.

죄로 **빠져든** 거대한 혼란은 결국 축복받은 아브람 가족을 멈추게 하지만 우리 하나님의 뜻을 멈추게 하지는 못합니다. 그는 가장 약한 부분에서 혼란스러움을 풀기 시작합니다. 그는 하갈이 도주하지 못하게 합니다. 천사의 모습으로 그는 길에 나타난 복선의 질문을 던집니다. 그녀는 도주하는 중이라고 고백합니다. 그런데 내가 무엇을 할 수 있는데요? 라는 변명도 할 수 있습니다. 사래가 무슨 무슨 일로 나를 괴롭혔고 등...

짧고 명료한 말로 하나님은 하갈에게 그녀의 자리로 다시 돌아갈 것을 권합니다. 즉 사래는 너의 윗사람이고 너는 다시 일상에 적응해야 한다는 것입니다.

바울은 그의 서신에서 이 돌아갈 길을 반복해서 강조하고 있습니다. 우리는 그것을 잘못 이해해서는 안 됩니다. 어려운 자리로 돌아가는 것이 모든 것을 그냥 '감수해야 한다'는 것을 의미하지는 않습니다. 하나님이 나에게 내 자리를 지시하시면, 그 이후로는 하나님이 나를 책임지실 것입니다.

하갈은 하나님과의 만남에 압도되어 다시 돌아갑니다. 그녀는 이제 '당신은 나를 관통해 보시는 신'이라는 것을 압니다. 이런 새로운 발견으로 그녀는 일상을 살아갈 수 있습니다.

우리는 우리를 관통해 보시는 하나님이 어디로 가느냐고 물으시는 질문을 받은 적이 있습니까? 주님이 가라는 곳으로 우리의 삶의 방향이 정해져 있다면, 그 길이 어렵고 힘들어도 주님 손을 꼭 잡고 뚜벅 걸음이라도 따라가는 축복을 기대합니다.

나를 지으신 이가 하나님
나를 부르신 이도 하나님
나를 보내신 이도 하나님
나의 나 된 것은
다 하나님 은혜라

나의 달려갈 길 다 가도록
나의 마지막 호흡 다 하도록
나로 그 십자가 품게 하시니
나의 나 된 것은
다 하나님 은혜라

한량없는 은혜 갚을 길 없는 은혜
내 삶을 애워싸는 하나님의 은혜
나 주저함 없이 그 땅을 밟음도
나를 붙드시는 하나님의 은혜
(복음송, '나를 지으신 이가 하나님')

4. "너희는 무엇을 찾고 있느냐?"

"다음 날 요한이 다시 자기 제자 두 사람과 같이 서 있다가, 예수께서 지나가시는 것을 보고서, '보아라, 하나님의 어린양이다' 하고 말하였다. 그 두 제자는 요한이 하는 말을 듣고, 예수를 따라갔다. 예수께서 돌아서서, 그들이 따라오는 것을 보시고 물으셨다. '너희는 무엇을 찾고 있느냐?' 그들은 '랍비님, 어디에 묵고 계십니까?' 하고 말하였다. ('랍비'는 '선생님'이라는 말이다.) 예수께서 그들에게 대답하셨다. '와서 보아라.' 그들이 따라가서, 예수께서 묵고 계시는 곳을 보고, 그 날을 그와 함께 지냈다. 때는 오후 네 시쯤이었다." (요 1:35-39)

이 질문은 요한이 그의 복음에서 재현하는 예수님의 첫 번째 말씀입니다. 세례 요한의 두 제자가 언급되는데, 한 명은 안드레아스이고(40절) 또 한명은 아마 항상 자기 복음서에서 자신은 숨어 제 3자를 통해 언급되게 하는 요한 자신일 것입니다. 세례 요한의 말에 힘을 얻어 이 두 사람은 예수님을 따라 갔습니다.

지금 그들은 예수님이 진짜 하나님의 아들이고 세상 죄를 지고 가는 양이라는 것을 정확히 알고 싶어 합니다. 마음까지 아시는 예수님은 그들에게 몸을 돌리면서 '너희가 무엇을 찾고 있는가?' 하고 물으십니다. 그들이 예수님을 알아가는 것이 예수님의 진정한 바람일 것입니다.

우리는 지금 무엇을 찾고 있습니까? 정말 가치 있고 보배로운 것을 추구하고 있습니까?

이어 이 두 사람은 '어디에 살고 계십니까?' 라고 반문합니다. 겉으로는 질문을 하지만 속으로는 생각을 합니다. 그들은 예수님의 밤 숙소 거리나 주소를 원했던 게 아닙니다. 그들은 아직도 '믿음의 노숙자'(W. Vögele)인 것입니다. 하나님에 대한 그들의 믿음에는, 이 세상의 구원자이신 예수님 집에 머무는 지속적인 거처가 없었던 겁니다. 그래서 그는 "와서 보아라!"고 하면서 초대합니다. 그들은 함께 가서 그와 교제하며 신뢰를 가지게 됩니다. '그들은 와서 보았습니다.' 이보다 더 쉽게 예수님이 우리를 만들 수 있는 게 있을까요?

성경을 계속 읽어보면, 이 두 남자가 그들의 믿음의 거주지를 발견했다는 것을 알 수 있습니다. 그들은 예수님 안에서 하나님이 약속한 구원자를 발견하게 됩니다.

예수님과의 대화 내용에 대해 요한은 침묵의 망토를 은밀하게 펼칩니다. 누구나 다 예수님과의 개인적인 이야기를 가지고 있습니다.

"이방 사람들과 유대 사람 양쪽 모두, 그리스도를 통하여 한 성령 안에서 아버지께 나아가게 되었습니다. 여러분은 사도들과 예언자들이 놓은 기초 위에 세워진 건물이며, 그리스도 예수가 그

모퉁이 돌이 되십니다."(엡 2:18-19)

  우리가 지상에서 돌베개를 벗 삼은 인생을 살아가지만, 우리가 바라봐야 할 곳은 고정되어 있습니다.
  주님께로 와서 듣고 보십시오! 그의 지붕 아래 온다면 분명 발견할 수 있을 것입니다.

    우물가의 여인처럼
    난 구했네
    헛되고 헛된 것들을
    그때 주님하신 말씀
    이 샘에 와 생명수 마셔라
    오오 주님, 채우소서
    나의 잔을 높이 듭니다
    하늘 양식 내게 채워주소서
    넘치도록 채워주소서
    (복음송, '우물가의 여인처럼')

5. "낫고 싶으냐?"

"거기에는 서른여덟 해가 된 병자 한 사람이 있었다. 예수께서 누워 있는 그 사람을 보시고, 또 이미 오랜 세월을 그렇게 보내고 있는 것을 아시고는 물으셨다. '낫고 싶으냐?' 그 병자가 대답하였다. '주님, 물이 움직일 때에, 나를 들어서 못에다가 넣어주는 사람이 없습니다. 내가 가는 동안에, 남들이 나보다 먼저 못에 들어갑니다' 예수께서 그에게 말씀하셨다. '일어나서 네 자리를 걷어 가지고 걸어가거라.' 그 사람은 곧 나아서, 자리를 걷어 가지고 걸어갔다. 그 날은 안식일이었다." (요 5:5-9)

병자에게 낫고 싶은지 아닌지 어떻게 물어볼 수 있습니까? 낫고 싶은 게 당연한 것 아닙니까? 예수님은 좋은 근거를 가지고서 그렇게 묻습니다. 주님은 이 사람의 이력을 알고 있습니다. 그는 38년 간의 병 때문에 좌절한 이 환자를 겨냥해서 말합니다. 예루살렘 성벽 근처 이중 못에 그는 매년, 다른 사람들이 순간의 호의를 수 없이 사용하는 것을 보아야만 했습니다. 왜냐하면 치유하는 물이 너무 짧게만 움직이기 때문입니다. 사람들은 그 병자에게 기회를 주지 않았습니다.

낫기를 바라느냐? 정말 네 상황에서 빠져나오기를 원하느냐? 우리 동의 없이는 예수님은 우리를 다루어주시지 않습니다. 회복은 어떤 요구사항이지만 해볼 만한 일입니다.

예수님의 질문을 받고, 나를 도와줄 사람이 아무도 없다는 그 중풍병자의 어려움이 쏟아져 나옵니다. 이것은 대답이 아니고 자기 삶의 탄식입니다. 이 중풍병자의 고뇌 어린 보고는 '다른 사람들'에 대한 유일한 탄식입니다. 그들은 그에 대해 너무 태만했습니다. 얼마나 그들은 이기적이고 불의하며 파렴치합니까!

'다른 사람들', 이것은 풍요로운 주제입니다. 예수님은 그 주제에 관심이 없습니다. 지금 주님은 그곳에 있습니다. "슬픈 무리여, 너희 가슴에 새겨 넣으라. 고통과 곤궁함이 점점 더 쌓여도 겁내지 말라. 문 앞에 너의 도움이 있다. 너의 마음을 회복시키고 위로하시는 그 분이 여기 계신다."(파울 게르하르트 P. Gerhardt)

그것에 대해 중풍병자는 알지 못했습니다. 그가 예수님께 순종하고 자리를 걷고 일어나지만, 예수님이 그를 한 번 더 살펴보았을 때 비로소 그는 예수님을 알게 됩니다.

우리 모두가 다 크고 작은 병이나 아픔을 갖고 있습니다. '낫고 싶으냐?' 라는 주님의 자비로운 음성에 두 손 들고 나아갑니다.

우리에게 말 못할 병이 있다면 낫게 해주시고, 또 그 이상의 것을 보장해 주시는 주님을 바라봅니다.

"너의 병을 경험하는 것보다 더 끔찍한 것을 경험하지 않기 위해 더 이상 죄를 짓지 말라"는 진지한 경고를 함으로써 예수님은 인간의 진정한 여러 병들을 치유합니다. 그리고 정확히 이것을 파괴시키고 싶어 하십니다. 모든 치유는 그가 하늘의 아버지의 위임 속에 행해진다는 것을 보여줍니다. 그래서 인간들은 그의 죽음을 계획합니다. 우리에게 있어 그것은 생명을 의미합니다.

"어두워진 세상길을 주님 없이 걸어가다 나의 영혼 어두워졌네
어느 것이 길인지 어느 것이 진리인지 아무 것도 알 수 없었네
주님 없이 살아가는 모든 삶 실패와 좌절뿐이네
사랑하는 나의 주님 내 영혼 눈을 뜨게 하소서

아무것도 할 수 없고 아무 것도 볼 수 없고 아무것도 들을 수 없네
세상에서 방황하며 이리저리 헤매이다 사랑하는 주님 만났네
어두워진 나의 눈이 열리고 막혔던 귀가 열렸네
답답했던 나의 마음 열리고 나의 영혼 살리네

열려라 에바다 열려라 눈을 뜨게 하소서
죄악으로 어두워진 나의 영혼을 나의 눈을 뜨게 하소서"
(복음 송 '열려라 에바다')

6. "누가 걱정함으로 자기 수명을 늘일 수 있느냐?"

"공중의 새를 보아라. 씨를 뿌리지도 않고, 거두지도 않고, 곳간에 모아들이지도 않으나, 너희의 하늘 아버지께서 그것들을 먹이신다. 너희는 새보다 귀하지 아니하냐? 너희 가운데서 누가, 걱정을 해서, 자기 수명을 한 순간인들 늘일 수 있느냐? 어찌하여 너희는 옷 걱정을 하느냐? 들의 백합화가 어떻게 자라는가 살펴보아라. 수고도 하지 않고, 길쌈도 하지 않는다. 그러나 내가 너희에게 말한다. 온갖 영화로 차려 입은 솔로몬도 이 꽃 하나와 같이 잘 입지는 못하였다. 오늘 있다가 내일 아궁이에 들어갈 들풀도 하나님께서 이와 같이 입히시거든, 하물며 너희들을 입히시지 않겠느냐? 믿음이 적은 사람들아! 그러므로 무엇을 먹을까, 무엇을 마실까, 무엇을 입을까, 하고 걱정하지 말아라. 이 모든 것은 모두 이방사람들이 구하는 것이요, 너희의 하늘 아버지께서는, 이 모든 것이 너희에게 필요하다는 것을 아신다."(마 6:26-32)

우리는 이 질문에 빨리 대답하지 않으려고 할 겁니다. 만약 우리가 좋은 의학 처방이나 건강식품에 신경을 쓴다면, 결국은 극빈 지역의 높은 사망률에 항효과를 가져올 수도 있을 겁니다. 얼마나 많은 도움 프로그램이 생명 지탱에 도움을 주겠습니까? 하지만 이러한 예들은 책임 있는 보호나 예방책 영역 속에서 왔다 갔다 하고 있습니다.

예수님은 이 질문으로 더 깊이 놓인 삶의 짐을 다루고 있습니다. 우리는 불확실한 미래를 바라보며 우리 삶을 염려합니다. 하지만 우리는 우리 생명을 '일 년도', '하루도', '한 시간도', 더 나아가 '한 순간도' 늘일 수 없습니다.

예수님의 질문에 대한 우리의 대답은, 그런 사람은 아무도 없다는 것입니다. 그건 시간 낭비일 것입니다. 많은 사람이 심지어 자기 경험에 따라, 내 염려가 나를 병들게 한다고 말할 겁니다. 수천 가지 일상문제를 위해 자신이 근심 가득한 노력을 하는 사람도, 한 걸음 멀리 뗄 수 있다고, '하나님의 직무에 개입할 수 있다'고 누가 말할 수 있습니까?

오늘날 우리는 많은 근심 속에 살아갑니다. 어떻게 염려 없이 살 수 있단 말입니까? 오늘 일은 오늘로 족하다는 성경말씀에 아멘하면서도 걱정이 맘속에 자리 잡아서 잠을 설칠 때가 많습니다. 하지만 "하나님만이 염려를 독점하신다"고 베르너 엔췌 교수는 강조합니다. 예수님은 그것을 우리에게 보이셨는데, 즉 하늘의 아버지를 믿는 믿음이 염려를 극복한다는 것입니다. 당신은 그의 보호 속에 안겨 있습니다. 그가 생명이 짧은 들의 꽃이나, 수많은 나무 위의 작은 가수(새)들도 보호하시는데, 그가 사랑하는 사람인 당신을 오죽 잘 보호하지 않겠습니까!

베드로는 이러한 생각을 내면화 했습니다. 그래서 그는 자기 편지 수신자에게 "그가 너희들을 돌보신다"(벧전 5:7)라고 기록하고 있습니다. 자신의 근심을 예수님은 단도직입적으로 '이방 사람 같은 것'(마 6:32)으로 판결 내립니다.

하나님을 모르는 사람은 사실 자기 자신에 몰두합니다. 그들에게는 먹고 마시고 입는 것에만 바쁘지 다른 아무 것도 남아 있지 않습니다. 매일 하늘 아버지의 보호 아래 있는 사람은 머리, 가슴, 손이 자유롭습니다 – 하나님의 관심과 희망을 위해 자유롭습니다.

> 공중 나는 새를 보라 농사하지 않으며
> 곡식모아 곳간 안에 들일 것이 없어도
> 세상 주관하는 주님 새를 먹여주시니
> 너희 먹을 것을 위해 근심할 것 무어냐
>
> 너는 먼저 주의 나라 그의 의를 구하면
> 하나님이 모든 것을 너희에게 주시리
> 내일 일을 위하여서 아무 염려 말지니
> 내일 염려하지 말라 오늘 고생 족하다
> (찬송가 588장, '공중 나는 새를 보라')

7. "왜들 무서워하느냐?"

"예수께서 배에 오르시니, 제자들이 그를 따라갔다. 그런데 바다에 큰 풍랑이 일어나서, 배가 물결에 막 뒤덮일 위험에 빠지게 되었다. 그런데 예수께서는 주무시고 계셨다. 제자들이 다가가서 예수를 깨우고서 말하였다. '주님, 살려 주십시오. 우리가 죽게 되었습니다.' 예수께서 그들에게 '왜들 무서워하느냐? 믿음이 적은 사람들아!' 하고 말씀하시고 나서, 일어나 바람과 바다를 꾸짖으시니, 바다가 아주 잔잔해졌다. 사람들은 놀라서 말하였다. '이분이 누구이기에, 바람과 바다까지도 그에게 복종하는가?'"
(마 8:23-27)

처음 이 질문을 듣는 순간 이 질문은 적절치 않은 것처럼 보입니다. 심한 폭풍을 경험한 사람은 그것이 얼마나 위협적인 '느낌으로 다가오는지' 압니다.

결혼 20주년을 맞이하여 부인과 일본여행을 함께 한 적이 있습니다. 배를 타고 갔는데 대마도 쯤 지날 때 배가 갑자기 휘청 한쪽으로 쏠리더니, 매점의 물건들은 다 쏟아지고, 배 속의 승객들은 그야말로 아비규환이었습니다. 저는 이러한 경험이 처음이라 무척 당황했고, '이제 이생의 삶은 이렇게 끝나구나' 라고 생각했습니다. 다행이 배가 전복되지 않았고, 대신 쾌속선이 통통배로 변해 대마도에서 후쿠오카까지 무려 5시간 정도 걸려 간 기억이 있습니다. 아마 선상 방송에서는 이물질과의 충돌 때문이라고 했는데 아마 당시 인근에 자주 출몰했던 고래 때문이었을 겁니다. 여행사 측에서 여러 가지 보상이 곁들인 사과를 하고 사태는 일단락되었지만, 그때 놀랐던 기억은 수년이 가도 지워지지 않았습니다.

폭풍우 속 모라비언주의자들의 담담한 태도는 후대에도 널리 알려졌습니다. 1735년 존 웨슬리가 선교사로 미국 조지아 주에 파송되었다가 이렇다 할 성과 없이 귀국하는 중 풍랑을 만나는데, 이러한 거친 풍랑에도 아랑곳하지 않고 태연하게 모임을 계속하는 모라비언 교도들을 보고 깜짝 놀랍니다. 총 227명이 배 두 대에 나눠 타고 가고 있었는데, 모라비언인 27명은 거친 풍랑에도 아랑곳하지 않고 태연하게 찬송가를 부르는 걸 보고 충격을 받았던 겁니다.

본문에 나오는 제자들이 탔던 바다 위, 작은 배인 경우 그 폭풍은 위협적이었을 겁니다. 예수님이 자기 제자들의 죽음 같은 불안을 조금이라도 이해 못하고 있습니까? 그렇다면 왜 그는 제자들과 바다로 나아갔단 말입니까?

갑작스런 돌풍은 흔한 경우는 아닙니다. 예수님은 확실히 예상되는 일기를 알았습니다. 하지만 제자들에게 이 어려운 시간들을 면하게 하지 않았습니다. 예수-따르는 자들은 그들이 '조용한 물결' 속에 항해하는 한 아름다울 수 있습니다. 하지만 조용한 물결은 이례적인데, 왜냐하면 그 속에 우리는 옛사람으로 머물러 있기 때문입니다.

거기에는 믿음과 신뢰가 자라날 수 없습니다. '배를 타는 사람은 옷이 젖을 수 있습니다'는 우리 본문의 어떤 설교 제목처럼 들립니다. 그렇습니다. 제자로서 사는 사람들은 사실 옷이 젖을 수도 있습니다. 왜냐하면 폭풍과 흔들림 속에서 비로소 우리는 우리 주님을 실제로 알 수 있기 때문입니다.

불안에 떨면서 부르짖는 제자들을 예수님은 '믿음이 적은 자'라 말하고 있습니다. 이 말은 판단이 아니라 도움을 주려는 경고입니다. 믿음이 없는 자와는 다르게 믿음이 적은 자들은 믿음 안에서 강할 수 있습니다. 게다가 예수님은 제자들을 도와주고 싶어 합니다. 그래서 그는 바람과 바다를 오직 자신의 말씀으로 잔잔케 하십니다. 제자들은 비록 주님을 아는 데서 출발했지만, 그렇게까지 심할 줄은 몰랐던 것입니다.

그들은 '도대체 예수가 정말 어떤 사람인가?'라고 묻습니다. 시간이 좀 지난 후 그들은 새롭게 바다 위의 어떤 폭풍 위로 내던져졌고, 예수님을 모든 창조물을 다스리는 주님으로 체험합니다. 이제 우리는 그들이 그동안 주님을 더 잘 알게 되었다는 것을 확인할 수 있습니다. 성장한 이해심으로 그들은 "당신은 정말 하나님 아들입니다!"라고 고백합니다.

예수님이 제자들에게 주는 용기는 오늘날 우리 모두에게도 유효합니다. "안심하여라. 나다. 두려워하지 말아라!"(마 14:27하) 폭풍 가운데서도, 엄청난 부담과 끊어질 듯한 시험 가운데서도 나는 예수님에게서 안전한 발판을 발견합니다. 그는 위대하시고, 나의 작은 믿음도 도우십니다.

> 두려워 말라 어린 양이여
> 땅과 하늘에 권세 잡은 이
> 널 찾아내어 안보하시리니
> 죽음에서 생명에 이르리라
> 오직 믿음 오직 믿음
> 능치 못함 없겠네 오직 믿음
> 오직 믿음 오직 믿음
> 능치 못함 없겠네 오직 믿음
> **(복음송, '두려워 말라')**

8. "너희들은 내가 이 일을 할 수 있다고 믿느냐?"

"예수께서 거기에서 떠나가시는데, 눈 먼 사람 둘이 '다윗의 자손이여, 우리를 불쌍히 여겨 주십시오'하고 외치면서 예수를 뒤따라 왔다. 예수께서 집 안으로 들어가셨는데, 그 눈 먼 사람들이 그에게 나아왔다. 예수께서 그들에게 말씀하셨다. '너희는 내가 이 일을 할 수 있다고 믿느냐?' 그들이 '예, 주님!'하고 대답하였다. 예수께서 그들의 눈에 손을 대시고 말씀하셨다. '너희 믿음대로 되어라.' 그러자 그들의 눈이 열렸다. 예수께서 그들에게 엄중히 다짐하셨다. '이 일을 아무에게도 알리지 말아라.' 그러나 그들은 나가서, 예수의 소문을 그 온 지역에 퍼뜨렸다. (마 9:27-31)

예수님께서 자비를 구하는 두 명의 맹인에게 "내가 너희를 도와줄 수 있다고 믿느냐?"라고 묻는 것은 의외입니다. 그들은 점점 자신의 주도권을 벗고 예수님께로 나아갔습니다. 그들은 예수님을 '다윗의 아들' 이라 하면서, 기대하던 메시아를 지칭하는 구약의 이름을 사용하기 시작했습니다. 그들은 점점, 예수님이 아무런 반응 없이 숙소로 돌아갈 때면, 그냥 내버려 두지 않았습니다.

무엇이 예수님께서 이 사람들을 바로 도와주는 걸 망설이게 했나요? 그들이 충분히 큰 소리로 부르거나 기대하며 예수님을 따라갔기 때문에, 그들을 치유를 이런 방법의 당연한 결과로 여겨서 그렇습니까? 하지만 예수님은, 영적인 '노하우'를 우리가 알고 있다고 해서 우리 기도에 대답해주시는 게 아닙니다.

우리는 '믿는 자에게는 능치 못할 일이 없다'고 하면서 하나님의 능력을 우리의 이성과 경험의 범주에 묶어두려고 합니다. 말로만 믿는다고 하면서 결론은 내 머릿속에 이미 내려놓고 있는 것이지요. 나 자신의 경험과 능력이랄 수 있는 것을 내려 놓을 때 하나님의 온전한 능력이 임하게 되는 것입니다.

우리가 만약 충분히 지속적으로만 기도하면 예수님이 도와주실 거라고 생각한다면, 그건 틀렸습니다. 이것은 전능하신 주님을 우리 마음대로 처리하려는 시도밖에 안 됩니다. 그러면 우리는 좌절할 것입니다.

예수님에게는 우리의 신뢰가 중요합니다. 신약성서에서는 이 '신뢰'가 '믿음'의 다른 개념일 뿐입니다. "새로운 언약이 은혜의 언약, 믿음의 언약이어야 한다는 점이 점점 더 강조됩니다."(G.Maier)

예수님은 오늘도 나의 믿음과 당신의 믿음을 묻습니다. 우리의 기도가 믿음보다는 어떤 때는 회의와 불안으로 뒤섞일 때가 종종 있지는 않은지요? 요한은 이렇게 기록하고 있습니다.

"우리가 하나님에 대하여 가지는 담대함은 이것이니, 곧 무엇이든지 우리가 하나님 뜻을 따라 구하면, 하나님은 우리의 청을 들어주신다는 것입니다. 우리가 무엇을 구하든지 하나님이 우리의 청을 들어주신다는 것을 알면, 우리가 하나님께 구한 것들은 우리가 받는다는 것도 압니다."(요일5:14-15)

하나님은 우리속의 성령을 통해 이 믿음을 작동시키려고 합니다. 우리는 자신들의 기도제목과 긴급한 기도를 발설함으로써 '최후 순간까지' 나아갑니다. 우리 주님이 기뻐하실 겁니다.

구주여 광풍이 불어 큰 물결이 일어나
온 하늘이 어둠에 싸여 피할 곳을 모르니
우리가 죽게 된 것을 안돌아 봅니까
깊은 파도에 빠지게 된 때
주무시려합니까

큰 바람과 물결아 잔잔해 잔잔해
사납게 뛰노는 파도나
저 흉악한 마귀나 아무 것도
주 편안히 잠들어 누신 배
뒤엎어놀 능력이 없도다
주 예수 풍파를 꾸짖어 잔잔해 잔잔해
주 예수 풍파를 꾸짖어 잔잔하라
(찬송가 371장, '구주여 광풍이 불어')

9. "그러면 너희는 나를 누구라고 하느냐?"

"예수께서 빌립보의 가이사랴 지방에 이르러서, 제자들에게 물으셨다. '사람들이 인자를 누구라고 하느냐?' 제자들이 대답하였다. '세례자 요한이라고 하는 사람들도 있고, 엘리야라고 하는 사람들도 있고, 예레미야나 예언자들 가운데에 한 분이라고 하는 사람들도 있습니다.' 예수께서 그들에게 물으셨다. '그러면 너희는 나를 누구라고 하느냐?' 시몬 베드로가 대답하였다. '선생님은 살아 계신 하나님의 아들 그리스도십니다.' 예수께서 그에게 말씀하셨다. '시몬 바요나야, 너는 복이 있다. 너에게 이것을 알려주신 분은, 사람이 아니라, 하늘에 계신 나의 아버지시다.'" (마 16:13-17)

예수님은 제자들과 함께 요르단 근처 게네사렛 바다의 북동쪽을 지나는 중이었습니다. 여전히 그는 예루살렘과 안전거리를 유지했습니다. 거기는 이미 그에 대한 유대 신학자들의 증오가 들끓고 있었습니다. 자신에 대한 의문 같은 것이 있어 그는 이제 결론적 질문에 다다르는데, 그 질문 – "그러면 너희는 나를 누구라고 하느냐?" – 에 대한 답은 오늘까지도 여전히 유효합니다.

여기서 '그러면 너희는'이라는 말로써 예수님은 그가 보통 사람과 특별히 그를 따르는 사람들 간 구별이 있음을 명확히 합니다.

그래서 주님의 "제자라 함은 제자 아닌 사람과는 다른 인식을 가져야 합니다."(G.Maier)

오늘날 교회가 어려움을 당하는 이유 중 하나는 믿는 자와 믿지 않는 자 간의 구별이 잘 안 된다는 겁니다. 교회와 신자들이 세속화된 것이지요. 어떤 범죄사건이 터져도 교회의 성직자나 중직자가 포함된 경우를 더러 봅니다. 이전 같으면 참 부끄러운 일이지요. 제가 아는 권사님 얘기가 생각납니다. 권사님 아버님이 목회자였는데, 밥을 굶으면서도 교인들이 걱정할까 싶어 일부러 아궁이에 불을 때어 굴뚝에 연기가 나게 했다는 눈물겨운 얘기였습니다. 그때는 체면이 있었던 때이지요. 지금도 때로는 크리스천으로서 체면을 지키며 사는 태도가 필요합니다.

무엇 때문에 예수님은 자기 제자들이 주님 자신에 대한 명확함을 증명하는 데에서 출발하지 못합니까? 제자들은 수많은 기적을 함께 체험하고 매일 주님의 복음 선포를 들었지요. 맞습니다. 하지만 그렇다고 이 모든 것이 자동으로 예수 – 인식으로 이끌지는 않습니다. 이것은 그저 하나님의 선물입니다.

"당신은 살아 계신 하나님의 아들 그리스도십니다!"(16절) 이것은 하늘 아버지의 어떤 계시 못지않습니다.

"성령을 힘입지 않고서는 아무도 '예수는 주님이시다'라고 말할 수 없습니다."(고전 12:3하)라고 바울은 고린도 교회에 보내는 편지에 썼습니다.

우리들 중 많은 사람이 베드로의 고백을 자기 스스로의 판단에 따라 말할 수도 있습니다. 하지만 그럼에도 우리 크리스천이 예수를 '그리스도' 혹은 '주' 라 하기가 얼마나 어려운지 관찰할 수 있습니다. 우리는 우리 눈높이에서 어떤 예수를 보려고 합니다. 예수라는 이름이 우리 혀에서 너무 쉽게 '미끄러져' 나옵니다. 우리에게서 영적 측면에서 뭔가가 '미끄러진다는' 것이 가능한가요?

오늘 우리는 골로새서 1장 15절-20절을 읽어봅니다. 우리는 하나님 아들의 위대함과 유일무이함을 경외하고 놀랄만한 근거를 가집니다.

신에 대한 의문은 인류 역사 시작부터 계속되어 왔습니다. 근대로 오면서 범신론, 이신론, 자연신론 등 신에 대한 인식은 다양합니다.
나에게 있어 예수님은 누구십니까? 인생의 어려움을 풀어주는 도깨비 방망이입니까? 불확실성의 시대, 무의미하고 부조리한 시대에서 찾을 수밖에 없는 대안적 삶의 목표입니까? 베드로 고백처럼 '그리스도는 나의 주님이시다' 의 고백으로까지 나아가는 믿음이 있으면 얼마나 행복한 크리스천이겠습니까? 이 실존적 고백은 어느 누구도, 어떠한 것도 침해할 수 없는 가장 고귀한 보물입니다. 주님이신 예수님과의 체험의 깊이와 믿음의 역사를 이루어가는 자는 축복받은 자입니다.

나에게 예수님은 어떤 분이십니까?

10. "내가 너에게 무엇을 하여 주기를 바라느냐?"

"그들은 여리고에 갔다. 예수께서 제자들과 큰 무리와 함께 여리고를 떠나실 때에, 디메오의 아들 바디메오라는 눈먼 거지가 길 가에 앉아 있다가 나사렛 사람 예수가 지나가신다는 말을 듣고 '다윗의 자손 예수님, 나를 불쌍히 여겨 주십시오.'하고 외치며 말하기 시작하였다. 그래서 많은 사람이 조용히 하라고 그를 꾸짖었으나, 그는 더욱더 큰 소리로 외쳤다. '다윗의 자손님, 나를 불쌍히 여겨 주십시오.' 예수께서 걸음을 멈추시고 그를 불러 오라고 말씀하셨다. 그리하여 그들은 그 눈먼 사람을 불러서, 그에게 말하였다. '용기를 내어 일어나시오. 예수께서 당신을 부르시오.' 그는 자기의 겉옷을 벗어 던지고, 벌떡 일어나서 예수께로 왔다. 예수께서 그에게 말씀하셨다. '내가 너에게 무엇을 하여 주기를 바라느냐?' 그 눈먼 사람이 예수께 말하였다. '선생님, 내가 다시 볼 수 있게 하여 주십시오.' 예수께서 그에게 말씀하셨다. '가거라. 네 믿음이 너를 구원하였다.' 그러자 그 눈먼 사람은 곧 다시 보게 되었다. 그리고 그는 예수가 가시는 길을 따라 나섰다."
(막 10:46-52)

길 가장자리에서 소경은 용기 있게 크고 신뢰 가득한 채 예수님께 도움을 청합니다. '다윗의 자손이여, 나를 불쌍히 여겨 주십시오.' 이 소경을 꾸짖는 사람조차도 주님을 혼란스럽게 못했습니다. 그의 신뢰는 한정이 없습니다. 누군가가 그를 불쌍히 여긴다 해도 그는 예수님이고 그리스도 입니다.

분명 길가에 매일 앉아있었던 바디메오는 이스라엘에서 그렇게 오랫동안 기다려왔던 구원자에 대한 결정적인 것을 주워듣게 되었습니다. 하지만 더 중요한 게 있다면, 우연한 정보를 그는 믿음과 결부시켰던 것입니다.

예수님은 거부하는 청중들을 자기 행동에 얽어맸습니다. "그를 불러 나에게로 데리고 와라!" 예수님에게서 그들은 자비를 배웁니다. 그들은 소경에게 말을 합니다. "위로가 있기를. 일어나시오! 예수님이 부르십니다!" 방해되는 윗옷을 벗어 던지고 바디메오는 일어나 예수님께로 나아갑니다. 예수님은 무리 중심에 서서 '개별 면담'을 지금 하고 계십니다.

"내가 너에게 무엇을 하여 주기를 바라느냐?" 예수님은 바디메오가 구체적으로 필요한 게 무엇인지 듣고 싶어 합니다.

옥한흠 목사님이 말씀하셨던 게 생각납니다. 기도는 '정식 타이어'야 하고 '스패어 타이어'면 안 된다고. 이 말은 기도가 옵션이 아니고 필수 요건이라는 말입니다.

우리 역시 이 관점에서 질문을 받습니다. 때로는 결단 있고 때로는 믿음이 작아지고, 또 때로는 나태해서 우리 기도에는 오히려 일반적인 형식이 필요할 수도 있겠습니다. 그래서 새벽기도 등 특정 정한 시간에 기도하는 신앙습관은 얼마나 좋게 보이는지요! 어떻게 하든지 공적, 사적 예배드리는 것을 소홀히 하지 않고 오히려 기뻐하며, 무시로 기도 못해도 이런 정한 시간에 기도하는 것은 좋은 습관인 것 같습니다. 그리고 기도는 구체적이어야 할 것입니다. 구체적인 기도제목을 언급하는 사람은 구체적인 기도체험을 하게 됩니다. 바디메오는 '보고 싶다고' 자신의 원함을 말합니다.

예수님은 놀라운 대답을 합니다. "가라, 너의 믿음이 너를 도왔다." 가끔은 예수님이 다르게 대답하기도 하셨습니다. 그는 위기를 전환하지 않고 그 위기를 지탱할 힘을 주시기도 합니다.

"내가 부르짖었을 때에, 주님께서는 나에게 응답해 주셨고, 나에게 힘을 한껏 북돋우어 주셨습니다."(시 138:3)

11. "사람이 온 세상을 얻고도 제 목숨을 잃으면, 무슨 이득이 있겠느냐?"

"사람이 온 세상을 얻고도 제 목숨을 잃으면, 무슨 이득이 있겠느냐? 또 사람이 제 목숨을 되찾는 대가로 무엇을 내놓겠느냐?" (마 16:26)

온 세상을 얻는다고요? 이 생각은 물론 과장되었죠! 이는 예수님이 종종 우리의 주의를 끌기 위한 과한 표현이라 할 수 있습니다.

세상이란 이 단어는 긍정적·부정적 면을 모두 지니고 있습니다. 하나님이 놀랍게 창조하셨고 질서로 정렬하셨던, 창조 섭리와 관계할 수 있습니다. 또 다른 관계에서 보자면 하나님의 완전한 사랑받을 가치가 있는 인류 혹은 인간을 보게 합니다.

'세상'은 또 전혀 다른 관점을 가지고 있는데, 하나님으로부터 떨어져 나온 창조물을 말할 때입니다. 여기에 해당되는 부분이 "온 세상이 하나님 앞에서 유죄로 드러난다"(롬 3:19)와 "여러분은 세상을 사랑하지 마십시오"(요일 2:15)입니다. 그리고 야고보도 "세상과 벗함이 하나님과 등지는 일이다"(약 4:4)라고 썼습니다. 사탄은 하나님의 좋은 세계를 떼어내고 오늘날까지 그것을 멸망시키려고 하고 있습니다.(고후 4:4)

루만은 현대 사회를 이렇게 진단했습니다: "기능에 따라 분화된 근대적 사회는 아무런 중심도, 아무런 정점도 가지지 않는다. 근대 사회는 더 이상 피라미드나 혹은 다른 상징적인 이미지로 그 모습이 그려지지 않는다."

이 '세상을 얻는다'는 것은, 전체적이든 부분적이든 하나님 없이 우리의 삶을 파괴하려고 합니다. 이것은 '세상의 사람들'에게만 해당하는 위험이 아닙니다. 그래서 예수님은 그것에 대해 제자들과 말합니다. 예수님 자신도 사탄의 손에서 만들어진 어떤 세상에 빠져들 뻔한 시험을 당하셨습니다.

"악마는 세상의 모든 나라와 그 영광을 보여주고 말하였다. '네가 나에게 엎드려서 절을 하면, 이 모든 것을 네게 주겠다.'"(마 4:8 하-9)

이로써 사탄은 '세상 취득'에 해당하는 높은 대가를 제시하는데, 그 대가는 너무 높아 하나님의 대적자인 그를 수종들어야 합니다. 하나님 닮은 형상이 사라지는 거지요.

하지만 예수님은 이 시험을 이겨내셨습니다. 그는 사탄의 한계를 입증하셨고, '이 세상 죄를 지고 가는 어린 양'이 되었습니다. 이 하나님의 어린 양은 우리에게 힘을 주십니다.

"그러나 용기를 내어라. 내가 세상을 이겼다."(요 16:33하)

12. "그것이 너와 무슨 상관이 있느냐?"

"'내가 진정으로 진정으로 네게 말한다. 네가 젊어서는 스스로 띠를 띠고 네가 가고 싶은 곳을 다녔으나, 네가 늙어서는 남들이 네 팔을 벌릴 것이고, 너를 묶어서 네가 바라지 않는 곳으로 너를 끌고 갈 것이다.' 예수께서 이렇게 말씀하신 것은, 베드로가 어떤 죽음으로 하나님께 영광을 돌릴 것인가를 암시하신 것이다. 예수께서 이 말씀을 하시고 나서, 베드로에게 '나를 따르라!' 하고 말씀하셨다. 베드로가 돌아다보니, 예수께서 사랑하시던 제자가 따라오고 있었다. 이 제자는 마지막 만찬 때에 예수의 가슴에 기대어서, '주님, 주님을 넘겨줄 자가 누구입니까?' 하고 물었던 사람이다. 베드로가 이 제자를 보고서, 예수께 물었다. '주님, 이 사람은 어떻게 되겠습니까?' 예수께서 말씀하셨다. '내가 올 때까지 그가 살아 있기를 내가 바란다고 한들, 그것이 너와 무슨 상관이 있느냐? 너는 나를 따르라!'" (요 21:18-22)

이 질문은 예수님 입에서 마치 거절하는 듯 보이는 '노골적 말'이라고 존 파이퍼 John Piper 는 말합니다. 베드로는 방금 자기 주님으로부터 미래에 대한 부담스런 통보를 받게 됩니다. 성경 외의 자료에 따르면 베드로가 로마의 네로 황제 때에 십자가 죽음 당한다고 보도되고 있습니다. 자기가 사랑했던 주님처럼 말입니다.

우리 본문에서는 그런 말은 없습니다. 베드로가 자신의 계속되는 여정에 대한 구체적인 정보를 원한다기 보다 요한이 앞으로 어떻게 되는지 알고 싶어 한다는 것이 눈에 띕니다.

"주님, 이 사람은 어떻게 되겠습니까?"

꼭 베드로처럼 우리는, 다른 사람이 무엇을 가지고 있고 무엇을 할 수 있으며, 또 무엇이 그에게 가능한지 아니면 부족한 채로 남아있는지 참견합니다. 우리 인간은 예수님과의 우리 개인적 관계로 우리의 관심을 기꺼이 돌리는 경우가 드뭅니다.

비교는 일반적으로 위로하기보다, 사람을 '죽이는' 독과 같습니다. 이것은 시기와 증오를 일깨우고, 무엇보다도 '나를 따르라'는 예수님이 나에게 부탁하신 것에서 눈을 엉뚱한 곳으로 돌리게 합니다. 나는 예수님이 나와 내 삶을 정립시키신다는 것을 믿을 수 있습니다.

사촌이 논을 사면 배 아프다는 말이 있습니다. 남이 잘 되는 것을 축복해주는 것이 얼마나 성숙된 신도의 자세인지 모릅니다. 우리 대부분은 주변 사람들에 대해 라이벌 의식을 갖지 않더라도 옆의 사람이 잘 나가면 불안해하고 자신의 처지를 비관하거나 엉뚱한 욕심을 부리는 경우가 허다합니다. 진심으로 웃는 자와 함께 웃고 우는 자와 함께 우는 성숙된 삶의 태도가 주님 원하시는 것이라 생각됩니다.

그래서 우리는 다른 사람에게서 무슨 일이 일어났는가를 물어보려고 할 게 아니라, 우리가 우리에게 최상의 것으로 주시는 주님의 길을 따르는 데 더 주의를 기울여야 합니다. 비교하지 않아도 된다는 것이 얼마나 부담이 덜 합니까? 다른 사람의 삶의 영위가 내 기준이 아닙니다. 산등성이를 가든지 깊은 골짜기를 가든지 말입니다.

아침에 이미 다른 사람에서부터 예수님에게로 눈을 돌리는 것이 좋은 습관일 수 있습니다. 노래구절이나 성경구절, 아니면 다음과 같은 말씀으로 시작해도 좋습니다.
"주님, 이날은 주님의 선물이자 나에게 주어진 임무입니다. 나는 당신을 따르고 싶습니다. 내 생각과, 말, 시선, 발걸음을 인도하여 주소서. 나는 당신이 필요합니다. 아멘."

"주님, 주님의 길을 가르쳐 주십시오. 내가 진심으로 따르겠습니다. 내가 마음을 모아, 주님의 이름을 경외하겠습니다."(시 86:11)

13. "누가 내 어머니이며 내 형제들이냐?"

"그 때에 예수의 어머니와 동생들이 찾아와, 바깥에 서서, 사람을 들여보내어 예수를 불렀다. 무리가 예수의 주위에 둘러앉아 있다가, 그에게 말하였다. '보십시오. 선생님의 어머니와 동생들과 누이들이 바깥에서 선생님을 찾고 있습니다.' 예수께서 그들에게 대답하셨다. '누가 내 어머니이며, 내 형제들이냐?' 그리고 주위에 둘러앉은 사람들을 둘러보시고 말씀하셨다. '보아라. 내 어머니와 내 형제들이다. 누구든지 하나님의 뜻을 행하는 사람이 곧 내 형제요 자매요 어머니다.'" (막 3:31-35)

프랑스 사회학자 부르디외는 인간의 생활환경 근거지가 어딘가에 종속되지 않는다고 합니다. 이 말은 매일 눈에 보이고 가까이 사는 사람들도 원수지간이 될 수 있고, 아무리 멀리 떨어진 지구 반대편에 사는 사람이라도 더 친근하고 더 사랑할 수 있다는 겁니다. 전자기기가 일상화된 현대 시대에는 더더욱 이러한 것을 실감할 수 있습니다.

그렇기 때문에 그리스도 안에서 한 형제자매가 된 교회 공동체는 어떤 때는 가족보다 더 끈끈한 관계를 이룰 수 있습니다. 교회 형제들을 위해 기도하고 심지어 목숨까지도 바칠 수 있는 것이 이러한 이유 때문입니다.

경건주의자 친첸도르프가 강조한 것도 이러한 형제 사랑이었습니다.

"그가 우리를 위하여 목숨을 버리셨으니 우리가 이로써 사랑을

알고 우리도 형제들을 위하여 목숨을 버리는 것이 마땅하니라."(요일 3:16)

본문을 살펴봅시다. 얼마나 곤혹스럽습니까! 예수님은 예배를 집행하고, 엄숙한 정적 한 가운데로 그의 가족이 자리합니다. 그의 친족이 늦은 건 아니었을 겁니다. 그들은 주님의 무리에 들어가지 않으려고 하고 오히려 주님을 자기 가족의 영역으로 다시 데려오려고 합니다. "아무 것도 모르는 채 그들은 원수의 앞잡이가 됩니다."(A.Pohl)

그들은 외적으로 볼 때 예수님과는 뭔가 맞지 않다는 인상을 갖게 됩니다. 자석처럼 예수님은 군중을 끌고 다닙니다. 큰 소리로 말씀하시기 전에는 한 번도 식사하러 오지 않습니다. "그는 미친 게 틀림없습니다."(막 3:21) 예수님은 곤혹스런 장애를 어떤 근본적인 질문을 해명하는 동인動因으로 삼습니다.

누가 예수님에게 속하고, 그럼으로 누가 하나님의 가족에 속하는가요? 그의 대답은 '하나님의 뜻을 행하는 자'라고 합니다! 이로써 그는 어떤 혈연관계의 특별한 의미를 의문시하는데, 그렇다고 선한 하나님의 하사품을 업신여기는 건 아니고 주님이 영적인 소속을 우선 정리하고 있는 것으로 보아야 합니다.

다른 곳에서도 예수님은 "나는 하나님의 뜻을 이루는 것으로 산다."(요 4:34)라고 설명합니다. 내적인 관계는 그렇게 보입니다. 나도 하나님의 뜻을 행하고 싶어 합니까?

우리 모두는 내면에 하나님 뜻에 반하는 천성적 성향을 지니고 있습니다. 예수님도 순종하는 것이 쉽지는 않다는 것을 보여줍니다. "내 뜻이 아니라 당신의 뜻이 이루어지게 하소서!"(눅 22:42)라는 말에는 심한 분투가 전제됩니다.

십자가상에서 그는 우리 죄와, 하나님에 대한 적대감을 다 이기셨습니다! 부활하신 자로서 그는 온 힘을 다해 우리가 하나님 뜻에 따라 초지일관 그를 따라가도록 하십니다.

"주님, 내가 해야 할 일을 당신이 하시렵니까?" 우리는 하늘 아버지의 자녀로서 그런 자세를 지향하고 있습니다.

14. "네 형제의 눈 속에 있는 티를 보느냐?"

"너희가 심판을 받지 않으려거든, 남을 심판하지 말아라. 너희가 남을 심판하는 그 심판으로 하나님께서 너희를 심판하실 것이요 너희가 되질하여 주는 그 되로 너희에게 되어서 주실 것이다. 어찌하여 너는 남의 눈 속에 있는 티는 보면서, 네 눈 속에 있는 들보는 깨닫지 못하느냐? 네 눈 속에는 들보가 있는데, 어떻게 남에게 말하기를 네 눈에서 티를 빼내 줄테니 가만히 있거라' 할 수 있겠느냐? 위선자여, 먼저 네 눈에서 들보를 빼내어라. 그래야 네 눈이 잘 보여서, 남의 눈 속에 있는 티를 빼 줄 수 있을 것이다." (마 7:1-5)

이 문장을 완성한다면 "어찌 네 눈 속의 들보를 보지 못하느냐?" 입니다. 그렇습니다. 어찌 그런 일이 일어납니까? 물론 예수님은 답을 알고 계십니다. 그는 우리 인간의 마음이 다른 사람의 작은 실수는 들추어내면서 우리 자신의 똑같은 잘못은 넘어가는 나쁜 습성을 알고 계십니다.

티와 들보는 같은 성격입니다. 다른 사람의 거울 모습 속에서 나의 죄 된 무례함이 아마도 훨씬 더 명확히 보일 겁니다. 자기 자신의 죄를 다른 사람에게 전가하는 사람을 예수님은 '위선자' 혹은 '경건한 체 하는 자' 라 부릅니다. 위험한 결과를 동반하는 놀라운 평가이지요. 그래서 예수님은 자신의 질문을 의도적으로 과장하고 있습니다. 들보를 눈 안에 넣을 수는 없지요! 이런 과장으로 예수님은 우리의 불합리한 태도를 가져와서 그것을 완전한 오판으로 밀고하고 있는 겁니다.

우리는 비판하는데 너무 익숙해져 있습니다. 특히 요즘 같이 코로나 등의 질병으로 생활이 불안하고 짜증날 때, 이 불안을 남을 공격함으로써 해소하려고 합니다. 비판에 익숙해진 현대인들은, 비판을 하려면 대안이 있어야하는데, 대안 없이 비판만 하는 경우가 허다합니다. 건전한 이성에서 나오는 발전적 비판은 어떤 면에서 필요하지만, 비판에만 익숙하게 되면 우리의 심령이 메마를 수가 있습니다. 특히 교회를 비판하는데 너덜머리가 난 사람들이 얼마나 많습니까?

거칠게 말해, 비판 이론은 유럽에서 발생하였고 전 세계에 영향을 준 '68혁명'의 영향이라 볼 수 있습니다. 60년대 독일 프랑크푸르트 학파가 내세운 '위대한 거부'는 '도구적 이성'에 대한 비판에서 출발하는데, 이러한 비판 의식은 무의식적으로 우리 삶 속에 깊이 자리 잡았습니다.

기독교는 비판의 종교가 아니라 위로와 희망의 종교입니다. 물론 건전한 비판을 통해 성장 혹은 성숙해 나가지만, 비판에만 빠져 있다면 안 되겠지요. 이제는 희망을 노래합시다. 위로와 용기를 주는 자리에, 평화의 도구로 쓰임 받는 자리에 있기를 기원하면 어떨까요?

이웃을 바라보는 시각에서 우리의 판결능력은 제거되지 않는 우리 자신의 죄로 인해 방해 받습니다. 예수님이 자기 질문 속에

'너희들'에서 '너'로 바꾸고 있는 것이 눈에 띕니다. '들보'를 그는 완전히 개인적으로 말해야만 합니다. 즉 네 눈으로 말합니다. 이 들보는 이웃에의 시선을 방해할 뿐 아니라 우선은 우리 주님과의 관계를 방해합니다.

어떤 크리스천이 "다른 사람에게서는 나만큼 나쁜 것을 알지 못한다. 이것이 다른 사람을 판단하는 걸 조심스럽게 한다."라고 고백했습니다. 우리는 정말 매일 우리 자신의 '목재'(들보)를 주님께로 갖다 날라야합니다.

스스로 용서하는 은총으로 사는 사람만이 다른 사람을 은혜롭게 도울 수 있습니다. 이것을 우리의 접촉, 관계, 우정으로 가져다 볼 수 있습니다. 예수님에게는 올바른 순서가 중요합니다. 그에게는 먼저 나 자신이고 그 다음 다른 사람이 문제 됩니다.

15. "너희까지도 떠나가려 하느냐?"

"이 때문에 제자 가운데서 많은 사람이 떠나갔고, 더 이상 그와 함께 다니지 않았다. 예수께서 열두 제자에게 물으셨다. '너희까지도 떠나가려 하느냐?' 시몬 베드로가 대답하였다. '주님, 우리가 누구에게로 가겠습니까? 선생님께는 영생의 말씀이 있습니다. 우리는, 선생님이 하나님의 거룩한 분이심을 믿고, 또 알았습니다.'" (요 6:66-69)

여기서는 제자 무리들을 조명합니다. 수천 명의 사람이 예수님을 놀랍게 체험합니다.

오늘날도 예수님에 대해 잘못된 생각을 하고 있는 사람들이 많습니다. 그들은 예수님을 그들이 잘 되기 위해 모든 것을 '조달하는 사람'으로 만들었습니다. 하지만 예수님은 그렇지 않습니다. 그는 우리의 화복보다 더 한 것, 즉 우리에게 구원을 주시고 영생을 보게 하십니다.

다른 사람들이 떠나갈 때, 예수님은 남아있는 자들에게 '너희들은 남아 있으려느냐, 왜 남아있으려느냐'라는 질문을 던지십니다. 예수님은 분명하고도 솔직한 질문을 던지십니다. "너희까지도 떠나가려 하느냐?"

헬라어 통사문법으로 "너희도 무엇 하려느냐?"는 질문은 예수님이 '아니오'라는 대답을 기대하고 있음을 알게 해 줍니다.(G.Maier) 여기서 배려가 묻어납니다. 12명의 제자들은 2년 전부터 예수님을 따랐습니다.

그는 그의 질문을 밝히려고 합니다. 예수님은 제자들에게 자유로운 결정을 하게 하지만, 그들이 가든 머물러 있든 그에게 아무런 상관없는 것은 아니었습니다. 그들이 주님을 떠나면 그들이 모든 것을 잃게 된다는 것을 주님은 알고 있습니다.

베드로는 그리 오랫동안 생각할 필요가 없었습니다. "주님, 우리가 누구에게로 가겠습니까? 선생님께는 영생의 말씀이 있습니다."(요 6:68) 베드로는 예수님을 알고 사랑하는 것을 배웠습니다. 예수님은 그에게는 대체할 수 없을 정도로 중요한 사람이 되어버렸습니다. 그 후 그는 유대 신학자 무리들에게 용감하게 증거할 수 있었습니다.

"이 예수 밖에는 다른 아무에게도 구원은 없습니다! 사람들에게 주신 이름 가운데 우리가 의지하여 구원을 얻어야 할 이름은 하늘 아래에 이 이름 밖에 다른 이름이 없습니다."(행 4:12)

그런데 심오하고 내실 있는 베드로의 신앙고백 후에 예수님께서는 12명의 제자 중 이름은 거론하지 않은 채 배신자 유다에 대해 쇼킹한 언급을 하십니다. 조심스럽지만 몇 가지 관찰을 시도해 봅시다.

예수님은 유대 지도자들에게 자신을 내어줄 유다에 대해 말씀합니다.(요 18:1-5) 유다는 예수님을 세상의 왕으로 만들려고 하고 예수님과 그의 연설에 실망해서 내적으로 결별을 선언하는 그런 사람들에 속합니까?(요 6:15) '너희들도 역시 떠나려느냐?' 라는 예수님의 질문이 유다에게 그의 내적인 궁핍함에서 벗어날 기회를 제공했습니까?

예수님은 그에 의해 선택되고 동시에 배반자가 된, 악마의 도구가 되어버린 유다를 살펴봅니다. 우리는 유다의 반응은 읽을 수가 없습니다. 그의 맘속에서 무슨 일이 일어날 수 있습니까? 그의 침묵은 예수님에게 무엇을 의미할 수 있었습니까?

일 년 뒤 유다의 내면의 변화가 최후 만찬과 세족식 때 확정됩니다. 죽기 바로 직전에도 예수님은 겟세마네에서 그가 배반했음에도 친구로 묘사하면서(마 26:50), 그를 끌어안으려고 애씁니다.

유다의 특별한 비극은 자신의 성직자적 임무를 받아들이지 않고, 그를 후회 속에 혼자 내버려두는(마 27:3-5) 고위 고문관의 거절에 있습니다. 많은 의문점이 아직 남아 있습니다. 유다의 배반 속에 성경 말씀이 이루어집니다. 왜냐하면 죄 지은 사람은 자신의 행동에 책임이 있기 때문입니다.(요 17:12)

잠언 4:23을 살펴봅시다. "그 무엇보다도 너는 네 마음을 지켜

라. 그 마음이 바로 생명의 근원이기 때문입니다."

우리 주인이신 예수님에게 우리 마음을 지켜줄 힘을 달라고 기도합니다. 주님은 즉시 약속의 말씀을 주십니다.
"그러나 주님께서는 신실하신 분이시므로, 여러분을 굳세게 하시고, 악한 자에게서 지켜 주십니다."(살후 3:3)

"예수의 제자 가운데 하나이며 장차 예수를 넘겨줄 가룟 유다가 말하였다. '이 향유를 삼백 데나리온에 팔아서 가난한 사람들에게 주지 않고, 왜 이렇게 낭비하는가?' (그가 이렇게 말한 것은, 가난한 사람을 생각해서가 아니다. 그는 도둑이어서 돈 자루를 맡아 가지고 있으면서, 거기에 든것을 훔쳐내곤 하였기 때문이다.)"(요 12:4-6)

"유월절 전에 예수께서는, 자기가 이 세상을 떠나서 아버지께로 가야 할 때가 된 것을 아시고, 세상에 있는 자기의 사람들을 사랑하시되, 끝까지 사랑하셨다. 저녁을 먹을 때에, 악마가 이미 시몬 가룟의 아들 유다의 마음속에 예수를 팔아넘길 생각을 불어넣었다. 예수께서는 아버지께서 모든 것을 자기 손에 맡기신 것과 자기가 하나님께로부터 왔다가 하나님께로 돌아간다는 것을 아시고, 잡수시던 자리에서 일어나서, 겉옷을 벗고, 수건을 가져다가 허리에 두르셨다. 그리고 대야에 물을 담아다가, 제자들의 발을 씻기시고, 그 두른 수건으로 닦아주셨다."(요 13:1-5)

예수님의 당시 최측근 친구들처럼, 오늘 우리에게도 새로운 결단이 요구됩니다.

험한 십자가에 주가 흘린 피를
믿는 맘으로 바라보니
나를 용서하고 내 죄 사하시려
주가 흘리신 보혈이라
최후 승리 얻기까지
주의 십자가 사랑하리
빛난 면류가 받기까지
험한 십자가 붙들겠네

(찬송가 150장, '갈보리산 위에')

16. "왜 우느냐?"

"그런데 마리아는 무덤 밖에 서서 울고 있었다. 울다가 몸을 굽혀서 무덤 속을 들여다보니, 흰 옷을 입은 천사 둘이 앉아 있었다. 한 천사는 예수의 시신이 놓여 있던 자리 머리맡에 있었고, 다른 한 천사는 발치에 있었다. 천사들이 마리아에게 말하였다. '여자여, 왜 우느냐?' 마리아가 대답하였다. '누가 우리 주님을 가져갔습니다. 어디에 두었는지 모르겠습니다.' 이렇게 말하고, 뒤로 돌아섰을 때에, 그 마리아는 예수께서 서 계신 것을 보았지만, 그가 예수이신 줄은 알지 못하였다. 예수께서 마리아에게 말씀하셨다. '여자여, 왜 울고 있느냐? 누구를 찾느냐?' 마리아는 그가 동산지기인 줄 알고 '여보세요. 당신이 그를 옮겨 놓았거든, 어디에다 두었는지를 내게 말해 주세요. 내가 그를 모셔 가겠습니다' 하고 말하였다. 예수께서 '마리아야!' 하고 부르셨다. 마리아가 돌아서서 히브리 말로 '라부니!'하고 불렀다. (그것은 선생님!이라는 뜻이다.) 예수께서 마리아에게 말씀하셨다. '내게 손을 대지 말아라. 내가 아직 아버지께로 올라가지 않았다. 이제 내 형제들에게로 가서 이르기를, 내가 나의 아버지께로 올라간다고 말하여라.' 막달라 사람 마리아는 제자들에게 가서, 자기가 주님을 보았다는 것과 주님께서 자기에게 이런 말씀을 하셨다는 것을 전하였다." (요 20:11-18)

막달라 마리아는 어떻게 해야 할지 몰랐습니다. 십자가가 내려질 때까지 그녀는 몇 사람과 함께 예수님 곁을 지켰었습니다. 이제는요? 그녀는 마지막 사랑의 섬김을 주님께 한 번 더 증명해 보일 수 없었습니다. 무덤은 비어있습니다.

종종 오늘날도 그들의 주님이 살아있다는 것을 많은 크리스천들이 나타내지 못한다는 인상을 줍니다. 크리스천들은 이 세상과 또 예수 공동체의 가련함까지도 한탄합니다. 그들은 주님이신 예수님이 죽음에 아직 머물러 있는 것처럼 말합니다. 하지만 부활하신 승리자에게 지옥과 죽음, 악마에 대해 무슨 문제를 해결 못할 문제가 무엇이 있습니까?

마르틴 루터에 관한 유명한 일화를 우리는 알고 있습니다. 루터는 종종 좌절하고 용기가 없었을 때 부인 캐테로부터 인상 깊은 교훈을 받았습니다. 어느 날 그녀는 상복을 입고 나타났습니다. 루터가 불안해하면서 "누가 돌아가셨나"고 물었습니다. "사랑의 하나님이 죽었어요. 당신이 너무 슬퍼해서 마치 하나님이 없는 것 같아서요.", 캐테의 대답입니다. 영혼을 지키는 게 그렇게 중요한 겁니다!

로버트 슐러 목사의 책 『불가능은 없다』는 제가 대학 다닐 때 많이 읽혔던 책입니다. 본문에서 저자는 왜 당당하게 서서 걸어갈 수 있는데 움츠리고 위축되어 어깨를 축 늘어뜨리고 걷는가? 똑바로 걸을 수 있는데도 절름거리며 걷는가?라고 묻고 있습니다. 얼굴을 찌푸리지 않고 미소 띨 수 있지 않은가? 울 수밖에 없는 상황이지만 부활하신 주님을 믿고 의지하면서 우리는 울음을 걷어낼 수 있다는 겁니다.

마리아는 두 번이나 똑같은 질문을 받습니다. 처음 그녀는 "왜 우느냐"라는 천사의 말을 듣습니다. 하지만 이것은 그녀의 눈물을 마르게 하지 못합니다. 그녀는 고뇌에 빠진 채 놀라운 주님의 십자가 죽음 후 추측되는 시체 도난을 한탄하고 있습니다. 인간도 천사도 마르게 못하는 눈물은 하나님의 소관입니다. 그래서 이제 예수님이 "왜 우느냐?"고 묻고 있습니다.

아침 여명 속 마리아는 질문하는 사람을 그냥 허깨비 같은 것으로 인식합니다. 그 이른 시간에 동산지기 외에 누가 정원에 있단 말인가? 그러면 그가 시체를 가져갔단 말인가? "여보세요, 당신이 그를 옮겨 놓았거든, 어디에다 두었는지를 내게 말해 주세요. 내가 그를 모셔 가겠습니다."(요 20:13)

마리아는 부활 소식을 실제로는 믿기 어려웠습니다. 하지만 결정적인 말 "마리아!"가 귀에 들어왔습니다. 예수님이 우리 이름을 부른다면 그것을 무엇과 비교할 수 있겠습니까! 이 말로써 마리아는 예수님이 새로운 삶을 허락하면서 그녀에게 행한 일을 눈앞에서 갑자기 경험하게 됩니다. 그녀의 대답 "라부니!"는 감사, 사랑, 그리고 경배라는 뜻입니다.

17. "얘들아 무얼 좀 잡았느냐?"

"그들은 나가서 배를 탔다. 그러나 그 날 밤에는 고기를 한 마리도 잡지 못하였다. 이미 동틀 무렵이 되었다. 그 때에 예수께서 바닷가에 들어서셨으나, 제자들은 그가 예수이신 줄을 알지 못하였다. 그 때에 예수께서 제자들에게 물으셨다. '얘들아, 무얼 좀 잡았느냐?' 그들이 대답하였다. '못 잡았습니다.' 예수께서 그들에게 말씀하셨다. '그물을 배 오른쪽에 던져라. 그리하면 잡을 것이다.' 제자들이 그물을 던지니, 고기가 너무 많이 걸려서, 그물을 끌어올릴 수가 없었다. 예수가 사랑하시는 제자가 베드로에게 '저분은 주님이시다'하고 말하였다. 시몬 베드로는 주님이시라는 말을 듣고서, 벗었던 몸에다가 겉옷을 두르고, 바다로 뛰어내렸다. 그러나 나머지 제자들은 작은 배를 탄 채로 고기가 든 그물을 끌면서, 해안으로 나왔다. 그들은 육지에서 백 자 남짓밖에 떨어지지 않은 곳에 들어가서 고기를 잡고 있었던 것이다. 그들이 땅에 올라와서 보니, 숯불을 피워 놓았는데 그 위에 생선이 놓여 있고, 빵도 있었다. 예수께서 제자들에게 말씀하셨다. '너희가 지금 잡은 생선을 조금 가져오너라.' 시몬 베드로가 배에 올라가서, 그물을 땅으로 끌어내렸다. 그물 안에는, 큰 고기가 백쉰세 마리나 들어 있었다. 고기가 그렇게 많았으나, 그물이 찢어지지 않았다. 예수께서 그들에게 말씀하셨다. '와서 아침을 먹어라.'" (요 21:3하-12상)

얼마나 오랫동안 예수님은 바닷가에서 자기 친구들을 기다렸을까요? 어쨌든 그는 피곤하고 좌절한 그 사람들을 받아들이기 위해 거기에 정확히 서 있습니다. 그들이 주님인지 알지 못하지만,

주님은 그들에게 말을 걸고 있습니다. 헬라어 그대로 번역하면 "애들아 빵에 곁들어 먹을 걸 가지고 있느냐?"입니다. 그런데 그들은 보여줄 어떤 것도, 잡을 어떤 것도 가지고 있지 않습니다.

참 특이합니다. 경험 풍부한 7명의 어부가 황금시간대(밤)를 가장 잘 알고 있는데, 그들의 그물은 비어 있다니요! 그들은 고기 잡는데 프로 아닙니까? 예수님은 우리를 그의 궤도로 다시 데려오기 위해 때때로 비범한 수단을 강구하십니다. 드물게 그는 우리의 좌절을 사용하시기도 합니다. 심지어 거기서 예수님을 통해 선한 것이 생겨날 수 있습니다. 우리가 종종 '가득 찬 그물' 보다 '빈 그물'이 우리 주님의 새로운 명령을 위해서는 더 반응하기 좋습니다.

이전에 주일학교 교사할 때도 그랬고 어떤 특강을 앞두고도 이런 경험을 했습니다. 모든 준비가 잘 되고 자신만만하게 강연 후의 좋은 반응을 기대하며 별 기도하지 않고 나아갔을 때, 그 설교나 강연은 기대와는 달리 판판히 깨지는 경험을 했습니다. 오히려 준비가 덜 된 감에 초조해하며 주님께 끝까지 매달렸던 경우에 하나님의 한량없는 은혜를 체험할 수 있었습니다. 주님께 기도하며 오직 그의 긍휼하심을 바랐을 때 성공적인 결과를 얻을 수 있었던 겁니다.

왜 일곱 명의 남자는 다시 일상의 일로 다시 돌아왔습니까? 몇 번이나 부활하신 예수님이 그들을 만났고 그들과 대화까지 했었습니다. 그들이 참을성이 없었습니까, 아니면 그들은 기다리는 시간을 그저 의미 있게 이용하려고 했습니까?

제자들의 공통된 부인no은 얼마나 환멸을 느끼게 했을까요? 하지만 예수님은 그들의 솔직한 대답에 접촉점을 찾습니다. 그는 그들을 다시 바다가로 보냅니다. "그물을 배 오른쪽으로 던져라!"
반항하지 않고 그들은 주님이 시키는 대로 합니다. 그리고는 대박을 기록합니다!

그 사이 예수님은 아침을 준비합니다. 손님 맞는 주인처럼 그는 그들을 기다립니다. 요한이 제일 먼저 주님을 알아차립니다. "주님이시다!"(7절) 넘쳐나는 그물은 그임을 증거합니다. "그런 일은 예수님만 하실 수 있다!" 그리고 또 놀라운 건, 주님이 자기 제자들에게 '그들의' 고기를 아침식사로 기부하고있다는 겁니다. 우리에게 주는 주님의 선물은 담보물이 되어야 합니다. 오늘날도 마찬가지입니다.

18. "네가 나를 사랑하느냐?"

"그들이 아침을 먹은 뒤에, 예수께서 시몬 베드로에게 물으셨다. '요한의 아들 시몬아, 네가 이 사람들보다 나를 더 사랑하느냐?' 베드로가 대답하였다. '주님, 그렇습니다. 내가 주님을 사랑하는 줄을 주님께서 아십니다.' 예수께서 그에게 말씀하셨다. '내 어린양을 먹여라.' 예수께서 두 번째로 그에게 물으셨다. '요한의 아들 시몬아, 네가 나를 사랑하느냐?' 베드로가 대답하였다. '주님, 그렇습니다. 내가 주님을 사랑하는 줄을 주님께서 아십니다.' 예수께서 그에게 말씀하셨다. '내 양떼를 쳐라.' 예수께서 세 번째로 물으셨다. '요한의 아들 시몬아, 네가 나를 사랑하느냐?' 그 때에 베드로는, (예수께서) '네가 나를 사랑하느냐?' 하고 세 번이나 물으시므로, 불안해서 '주님, 주님께서는 모든 것을 아십니다. 그러므로 내가 주님을 사랑하는 줄을 주님께서 아십니다' 하고 대답하였다. 예수께서 그에게 말씀하셨다. '내 양을 먹여라.'" (요 21:15-17)

베드로는 자기 주님을 세 번이나 맹세코 부인했습니다. 그는 그런 일이 다시는 일어나게 할 수는 없었습니다. "민첩한 혀를 가지고, 또 불굴의 자신감과 천성의 리더십을 갖춘 베드로는 깊은 실의에 빠졌습니다."(M.Wussow)

도대체 예수님께로 돌아갈 수 있는 길이라도 있다는 말인가요? 우리도 이와 같은 비슷한 충격을 경험한 적이 있습니까? 그럴 때는 기도도 더 이상 할 수 없습니다. 이런 제로 zero 시점에서도 우리는 예수님이 우리 속에 함께 계심을 알 수 있습니다. 좌절 속에서도, 파멸 속에서도 말입니다.

"마음이 지쳐서 기도할 수 없고
눈물이 빗물처럼 흘러내릴 때
주님은 우리 연약함을 아시고
사랑으로 인도하시네
누군가 널 의하여 누군가 기도하네
네가 홀로 외로워서 마음이 무너질 때
누군가 널 위해 기도하네"

(복음 송 '마음이 지쳐서')

그곳에서도 그는 우리 곁에 있고 다리를 놓아주려고 하고 있습니다. 베드로 역시 예수님이 그에게 새로운 시작을 가능하게 하실 거라는 사실을 깨닫습니다. "네가 나를 사랑하느냐?"라고 맘 속 깊이 질문을 던지면서 말입니다. 예수님은 우선 이 말을 완전한 하나님의 사랑으로 사용하고 있습니다. 베드로는 이에 대해 우정의 개념으로 대답합니다. 그의 독단적 태도는 무너졌습니다. 예수님은 그에게 두 번째, 세 번째 묻습니다. 너는 나를 친구처럼 여기느냐?

"예수님은 베드로를 위해 질문을 바꿉니다. 주님은 그가 줄 수 있었던 그 이상을 베드로에게 더 이상 요구하지 않습니다."(L.Palau) 겟세마네로 가는 길에서 베드로는 자신의 사랑과 능력을 아군의 그것들보다 더 높이 평가했습니다. "비록 모든 사람이 다 주님을 버릴지라도, 나는 절대로 버리지 않겠습니다."(마 26:33)

"그렇다면 누가 예수님을 가장 사랑하는가 하는 경쟁을 우리는 그만둘 수 있습니다."(H.Hartmann)

주님을 따르는 우리끼리 악의에 찬 경쟁보다 어리석은 게 없습니다. 우리의 적은 공중권세 잡은 자들인데, 우리끼리 싸우다니요! 교회 안에서 거룩한 부름을 받은 형제끼리 다투는 것만큼 어리석은 게 또 있을까요?

예수님에 대한 우리의 사랑은 항상 선물과 같습니다. "하나님께서 우리에게 주신 성령을 통하여 그의 사랑을 우리 마음속에 부어주셨기 때문입니다."(롬 5:5) 이 깊은 사랑을 가지고 예수님은 제자들을 세워주시고 새롭게 위임하고 계십니다. 베드로는 이 사랑을 자기 생명을 바침으로써, 또 공동체를 돌봄으로써 보답하였습니다.

"우리가 사랑하는 것은 하나님이 우리를 먼저 사랑하셨기 때문입니다."(요일 4:19)

19. "왜 차라리 불의를 당해 주지 못하니?"

"여러분 가운데서 어떤 사람이 다른 사람과 소송할 일이 있을 경우에, 성도들 앞에서 해결하려 하지 않고 불의한 자들 앞에 가서 재판을 받으려 한다고 하니, 그럴 수 있습니까? 성도들이 세상을 심판하리라는 것을 여러분은 알지 못합니까? 세상이 여러분에게 심판을 받겠거늘, 여러분이 아주 작은 사건 하나를 심판할 자격이 없겠습니까? 우리가 천사들도 심판하리라는 것을 알지 못합니까? 그러한데, 하물며 이 세상일이야 말할 나위가 있겠습니까? 그러니, 여러분에게 일상의 일과 관련해서 송사가 있을 경우에, 교회에서 멸시하는 바깥사람들을 재판관으로 앉히겠습니까? 나는 여러분을 부끄럽게 하려고 이 말을 합니다. 여러분 가운데는 신도들 사이에서 생기는 문제를 해결하여 줄 만큼, 지혜로운 사람이 하나도 없습니까? 그래서 신도가 신도와 맞서 소송을 할 뿐만 아니라, 그것도 믿지 않는 사람들 앞에 한다는 말입니까? 여러분이 서로 소송을 제기하는 것부터가 벌써 여러분의 실패를 뜻합니다. 왜 차라리 불의를 당해주지 못합니까? 왜 차라리 속아주지 못합니까? 그런데 도리어 여러분 자신이 불의를 행하고 속여 빼앗고 있으며, 그것도 신도들에게 그런 짓을 하고 있습니다." (고전 6:1-8)

이 질문은 하나님이 자기 종인 바울을 통해 우리에게 던지십니다. 그는 편지로써 고린도에 있는 믿음의 형제, 자매들에게 평범한 텍스트를 말합니다. 그의 귀에 들리는 소문은 어이가 없습니다.

크리스천들은 '아주 작은 사건 하나로' (2절 하), '세상 일' (3절)을 가지고 서로 다투고, 심지어 세상 법정에까지 나아갑니다. 바울은 어떤 더러운 빨랫감이 공공연히 드러내 놓아서 씻긴다고 하지 않습니다. 얼마나 부끄럽고 수치스런 일입니까!

오늘날 교회 안의 분쟁이 적지 않습니다. 안타까운 일이지요. 그런데 좀 더 거리를 두고 보면 그냥 넘어갈 작은 일인데 감정싸움으로 불거져 수습 불능 상태로까지 나아가는 것을 볼 수 있습니다. 그러다 보면 애초 분쟁 상태였던 사실은 뒤로 물러가고 이제는 인간적 감정이 내 마음을 주도하고 있음을 보게 됩니다. 본문에서 강조하는 대로, 이러한 분쟁을 해결할 지혜로운 사람이 필요합니다. 평화의 도구가 되기를 간구해야 합니다. 예수님은 십자가도 지셨는데 우리가 불의를 당해주고 속아주는 자 되는 것이 바로 십자가 지는 일임을 명심해야 할 겁니다.

우리가 불의를 당하게 되면 우리의 옛 에고 ego가 자동으로 작동하게 됩니다. 우선은 방어하는 말로 시작해서 손을 뻗어 싸울 수 있습니다. 고린도에서는 전능한 논쟁조정자가 없었기 때문에 사람들이 법정으로 나아갔습니다. 바울은 이렇게 말합니다. "부끄러운 줄 알아라!"

자기 권리를 위해 아군들과 싸우는 크리스천은 이미 진 것입니다. 예수님이 우리가 신자 되었을 때 성령을 통해 우리에게 베풀어 주신 새로운 존재임을 그는 부인하는 것입니다. 우리가 불의 때문에 고통당하는 것을 베드로는 "하나님 은총"이라 했고, 심지어 "바로 이것을 위하여 부르심을 받았다"(벧전 2:21 상)고 말씀하고 있습니다.

예수님을 바라보십시오. "그는 모욕을 당하셨으나 모욕으로 갚지 않으시고, 고난을 당하셨으나 위협하지 아니하시고, 정의롭게 심판하시는 이에게 다 맡기셨습니다."(벧전 2:23)

우리는 물론 어떤 오류를 예방해야 합니다. 그리고 크리스천은 불의에 대해 침묵할 수는 없습니다. 물론 불의는 물론 지적되어야 하지요. 상관들이 바울이 로마 시민인 것을 생각하지 않고 그를 체포해서 조용히 슬그머니 빌립보에서 추방하려했던 것을 바울도 항변했습니다.(행 16:37)

하지만 바울은 자신의 상처받은 자존심 때문이 아니라 막 생겨난 작은 기독공동체를 보호하기 위해서 그랬습니다. 한편 우리에게 잘못을 저지른 동료 크리스천에게 그의 불의함을 지적하는 것도 사랑을 베푸는 것일 수도 있습니다.

"너희가 서로 사랑하면, 모든 사람이 그것으로써 너희가 내 제자인 줄을 알게 될 것이다."(요 13:35)

성경 속의 친구들

진정한 친구를 얻는 것은 화려한 금은보화를 얻는 것보다 더 낫다고 합니다.

성경에도, "기름과 향이 사람의 마음을 즐겁게 하나니 친구의 충성된 권고가 이와 같이 아름다우니라"(잠 27:9)라고 기록되어 있습니다.

성경에는 여러 종류의 친구들이 소개되고 있습니다. 우리가 금방 머리에 떠올릴 수 있는 다윗과 요나단의 우정입니다. 또 이와 반대되는 극단적인 경우가 있다면, 좋지 않은 관계였지만 같은 목표를 가지고, 소위 '적의 적은 동지'가 된 헤롯과 빌라도도 있습니다.

나이가 들면서 신앙의 친구들을 만나는 게 마음이 편합니다. 삶의 가치관과 목표를 공유하기 때문에 그런 것 같습니다.

저에게는 많은 친구들이 있지만, 그 중에서 미션 스쿨인 모교에서 예수님을 알게 된 친구들의 모임이 얼마나 좋은지 모릅니다. 각자의 다른 직장을 갖고 다른 환경 속에 살아가지만, 예수님으로 말미암아 하나 될 수 있다는 건 참으로 아름답습니다. 목사, 장로, 선교사, 집사 등 약 20명이 단톡 방을 만들어 아름다운 '현대판 교제'를 하고 있습니다. 지난 연말에는 줌으로 송구영신 예배를 은혜롭게 드렸습니다. 지금도 힘든 상황에 있는 친구들을 위해 서로 기도하고 축하해줄 사람이 있으면 진심으로 축하해 주는 아름다운 공동체로 만들고 있습니다. '브니엘에서 팔자 고친 친구들'로 우리는 주님 안에서 풍성한 교제를 나누고 있습니다.

"나는야 친구 되신 하나님과 푸른 초장 한없이 거니네
손을 잡고 기쁨을 나누면서 단둘이서 한없이 거니네
손을 잡고 기쁨을 나누면서 단둘이서 한없이 거니네

지나간 일들 내가 생각하며 앞날의 될 일 내가 들을 때
믿을 수 없는 꿈만 같은 사실 믿으니 이 세상 천국 같네
믿을 수 없는 꿈만 같은 사실 믿으니 이 세상 친구 같네

나는야 친구 되신 하나님과 영원히 다정하게 지내리
천지는 모두 없어진다 해도 우린 영원히 지내게 되리

천지는 모두 없어진다 해도 우린 영원히 지내게 되리"
(복음송 '나는야 친구되신 하나님과')

이제 성경 속의 친구를 찾아가 봅시다.

1. 꽤 괜찮은 베스트 프렌드

"다윗이 사울에게 말하기를 마치매 요나단의 마음이 다윗의 마음과 하나가 되어 요나단이 그를 자기 생명 같이 사랑하니라. 그 날에 사울은 다윗을 머무르게 하고 그의 아버지의 집으로 다시 돌아가기를 허락하지 아니하였고 요나단은 다윗을 자기 생명 같이 사랑하여 더불어 언약을 맺었으며 요나단이 자기가 입었던 겉옷을 벗어 다윗에게 주었고 자기의 군복과 칼과 활과 띠도 그리하였더라" (삼상 18:1-4)

이 제목은 2012년에 독일에서 성공을 거둔 영화제목(우리말 제목은 '언터처블 1%의 우정')과 같습니다. 이 영화는 사면 받은 세네갈 사람인 드리스 Driss의 감동적인 이야기를 다루고 있습니다. 그는 육체적 장애가 있는 백만장자 필립의 간호를 책임집니다. 사회적으로 엄청난 괴리가 있었지만 그 두 사람 간에는 어떤 견고한 우정이 자랍니다.

다윗과 요나단의 우정 역시 우선 엄청난 사회적 불평등에 기초하고 있습니다. 왕의 아들이 목자 아들의 친구가 된 것입니다. 정말 믿음의 형제자매라면 진정한 우정이 혈통과 교육의 간극 위에 다리를 건설할 수 있습니다.

그 우정은 인간적인 논리들 - 경쟁, 영향, 성공 등 - 을 다 부수고 그와 반대되는, 사랑, 이해, 동감 등 놀라운 것들을 세웁니다.

왕의 아들과 목자의 아들 간의 우정의 심오한 비밀은 "여호와께서 너와 나 사이에 계신다."(삼상 20:23)라는 구절에서 알 수 있습니다. 하나님의 의지와 계획은, 그것이 자기 자신의 삶을 위한 것이든, 하나님 백성인 이스라엘을 위한 것이든, 두 사람 간을 지속적으로 연결시키고 있습니다.

무엇이 두 사람을 하나님 의지 안에서 내적으로 더 깊이 하나로 묶었는가요? 왕자 요나단이 다윗의 최고 친구가 될 수 있었던 것은 요나단이 다윗의 왕으로의 기름 부음을 인정했기 때문입니다.

여기에서 우리는 진정한 우정의 특징을 알 수 있습니다.

1) 스스로 뒤로 물러납니다.
요나단의 아버지 사울왕은 하나님으로부터 이미 권력을 빼앗겼지만 뒤로 물러서지 않았습니다. 반대로 시기심과 경쟁하려는 생각이 다윗을 죽이려는 계획을 갖게 했습니다. 독자적 불순종이 하나님 계획과 뜻에 눈 가리게 했습니다. 요나단은 왕자이지만 자신이 뒤로 물러남을 받아들입니다. 그는 하나님에 의해 왕으로 부름받은 친구를 자기 자신 보다 더 높이 여깁니다.

그는 세례 요한을 생각나게 합니다. 세례 요한은 예수님을 바라보고서는 "만일 하늘에서 주신 바 아니면 사람이 아무것도 받을 수 없다"(요 3:27)고 말했습니다.

"사울이 그의 아들 요나단과 그의 모든 신하에게 다윗을 죽이라 말하였더니 사울의 아들 요나단이 다윗을 심히 좋아하므로 그가 다윗에게 말하여 이르되 내 아버지 사울이 너를 죽이기를 꾀하시느니라 그러므로 이제 청하노니 아침에 조심하여 은밀한 곳에 숨어 있으라."(삼상 19:1-2)

삼상 20장 읽어보면 이 두 사람이 베스트 프렌드임을 확실히 알 수 있습니다.

2) 하나님을 믿으면서 서로를 세워줍니다.

사울왕은 느슨해지지 않습니다. 다윗은 도망가야 합니다. 요나단은 광야에서 다시 도망 다녀야만 하는 친구와 고난을 같이 합니다. 요나단은 그곳에서 다윗을 찾아 "하나님을 힘 있게 의지하게 하였고 '두려워하지 말라. 내 아버지 사울의 손이 네게 미치지 못할 것이다.'"(삼상23:16하–17상)라고 말합니다. 요나단은 다윗의 기분이 어떠한지 이해할 수 있었던 것이, 그가 다윗을 자기 자신의 생명처럼 사랑했기 때문이었습니다. 그는 내가 그에게로 가서 내 친구에게 도움 주는 말을 내가 해야 한다는 것을 알았습니다.

3) 계산 없이 서로 줍니다.

친구 사이의 선물이라도 얼마나 계산적이고 형식적일 수 있습니까? 그 외에 비싼 선물은 우정에 짐을 지울 수 있습니다. 유복한 요나단은 자기 친구에게 왕궁의 선물을 준비해놓기도 했습니다.(삼상 18:4) 하지만 그 선물들은 그의 富를 나타내지 않았습니다. 요나단의 선물은 맘에서 우러나오는 것이었습니다. 그는 다윗에게 자신의 일부를 주었습니다. 그는 겉옷이나 혁띠를 왕자로서의 자신의 품위의 표식으로 그에게 건네 준 것입니다. 승리의 도구인 군복과 활과 칼을 그에게 건네주었습니다. 선물들은 정말 연대감을 갖게 합니다!

4) 중재를 위해 노력합니다.

요나단은 다윗이 미래의 이스라엘 왕이 될 거라고 확신했습니다. 그는 자기 아버지의 친구에 대한 끝없는 적개심과 도를 넘는 증오심 때문에 얼마나 괴로워합니까! 하지만 그의 고통은 그를 마비시키는 게 아니라 오히려 아버지와 친구 사이를 중재하려고 열심히 뛰어 다닙니다. 이 경우 요나단은 다윗의 베스트 프렌드로 말을 할 뿐 아니라 그 '광포한 사람'에게 '그가 왜 죽어야합니까?', '무엇을 했다고 그럽니까?'(삼상 20:32하)라고 하면서 아버지의 행동을 직접 저지하기도 합니다.

중재자로서 요나단 자신은 아버지의 증오의 표적이 되어버립니다. 이처럼 진정한 우정은 목숨까지도 지불할 수 있습니다.

2. 네 명의 친구

1) 억압 속의 네 친구

"왕이 환관장 아스부나스에게 말하여 이스라엘 자손 중에서 왕족과 귀족 몇 사람 곧 흠이 없고 용모가 아름다우며 모든 지혜를 통찰하며 지식에 통달하며 학문에 익숙하여 왕궁에 설 만한 소년을 데려오게 하였고 그들에게 갈대아 사람의 학문과 언어를 가르치게 하였고 또 왕이 지정하여 그들에게 왕의 음식과 그가 마시는 포도주에서 날마다 쓸 것을 주어 삼 년을 기르게 하였으니 그 후에 그들은 왕 앞에 서게 될 것이더라. 그들 가운데는 유다 자손 곧 다니엘과 하나냐와 미사엘과 아사랴가 있었더니 환관장이 그들의 이름을 고쳐 다니엘은 벨드사살이라 하고 하나냐는 사드락이라 하고 미사엘은 메삭이라 하고 아사랴는 아벳느고라 하였더라 다니엘은 뜻을 정하여 왕의 음식과 그가 마시는 포도주로 자기를 더럽히지 아니하리라 하고 자기를 더럽히지 아니하도록 환관장에게 구하니 하나님이 다니엘로 하여금 환관장에게 은혜와 긍휼을 얻게 하신지라." (단 1:3-9)

바벨론 왕 느부갓네살은 이스라엘 남쪽 유다를 두 번 째 침공 때인 주전 605년에 지배했습니다. 영리한 승리자는 물질을 불렸을 뿐 아니라 사람들도 잘 관리했습니다. 느부갓네살은 까다로웠습니다. 그는 젊고 건강하고 외모도 출중하였으며, 영리하고 지혜로우며 귀족적이었습니다. 궁전의 차세대 엘리트였습니다.

다니엘, 하나냐, 미사엘, 아사랴는 느부갓네살의 조건을 충족시켰습니다. 이 네 명이 고향 때부터 친구인지는 우린 알지 못합니다. 예외적으로 우연하게도 이 네 명은 강한 연대를 가졌습니다. 어려움이 더 뭉치게 합니다. 여기에 무엇보다도 살아계신 하나님을 함께 믿는 그 믿음이 굳건한 연대에 영향을 주었습니다. 다니엘이 이 작은 믿음의 공동체에서 주도적 역할을 한 것처럼 보입니다.

바벨론에서 '교육혁신 프로그램'이 시작되었을 때 그가 주도권을 가지고 작은 단체의 대변인이 되었습니다. 그들은 새 이름을 가질 준비가 되어 있었지만, 하나님이 자기 백성에게 금한 식사는 받아들일 수가 없었습니다. 그들은 하나님께 신실하게 머물러 있기를 원했고 '우리는 이스라엘의 하나님'에게 속한다고 분명히 고백합니다. 이것은 하나님이 성공을 주실만한 용기 있고 믿음 찬 행동이었습니다.

그 젊은이들이 요구된 훈련 프로그램 중에 지속적으로 포기를 하는 것이 분명 쉽지는 않았을 것입니다. 물과 채소만을 먹는 열흘간의 첫 시험 날들은 시작에 불과했습니다! 하지만 왕실의 화려한 식탁을 보면서도 이 친구들은 미약했지만 서로를 지켜줄 수 있었습니다. 같은 생각을 가진 친구들과 그러한 시험거리를 나눌 수 있다는 것은 어쨌든 힘을 주었고 지조를 지키게 했습니다.

언제 나는 내 곁 친구들의 지원에 최고의 감사를 할 수 있었나요? 나는 다른 사람을 지원할 수 있는 친구가 되어 준 적이 있나요?

2) 기도하는 네 친구

"느부갓네살이 다스린 지 이 년이 되는 해에 느부갓네살이 꿈을 꾸고 그로 말미암아 마음이 번민하여 잠을 이루지 못한지라.....왕의 명령이 내리매 지혜자들은 죽게 되었고 다니엘과 그의 친구들도 죽이려고 찾았더라. 그 때에 왕의 근위대장 아리옥이 바벨론 지혜자들을 죽이러 나가매 다니엘이 명철하고 슬기로운 말로 왕의 근위대장 아리옥에게 물어 이르되 왕의 명령이 어찌 그리 급하냐 하니 아리옥이 그 일을 다니엘에게 알리매 다니엘이 들어가서 왕께 구하기를 시간을 주시면 왕에게 그 해석을 알려 드리리이다 하니라. 이에 다니엘이 자기 집으로 돌아가서 그 친구 하나냐와 미사엘과 아사랴에게 그 일을 알리고 하늘에 계신 하나님이 이 은밀한 일에 대하여 불쌍히 여기사 다니엘과 친구들이 바벨론의 다른 지혜자들과 함께 죽임을 당하지 않게 하시기를 그들로 하여금 구하게 하니라. 이에 이 은밀한 것이 밤에 환상으로 다니엘에게 나타나 보이매 다니엘이 하늘에 계신 하나님을 찬송하니라" (단 2:1, 13-19)

2장은 통치자 느부갓네살 2년 차로 시작하고 있습니다. 다니엘과 그의 친구들은 그 사이에 그들의 시험을 탁월하게 견뎌냈습니다. 이것은 정치적 일로 부각되었습니다.

강력한 왕의 궁궐에 얼마나 인간적인 무력함이 널려있는지 그들은 눈으로 볼 수 있었습니다. 느부갓네살 왕이 어느 날 불안한 꿈을 꾸고 깨어났을 때 번민이 시작됩니다. 그는 자신의 존재에도 문제 된다고 예감했습니다. 박수, 술사, 점쟁이는 왕의 요구에 직면했을 때 태연하게 반응했습니다. 하지만 꿈 해석뿐 아니라 그것을 기술할 수는 있는가요?

느부갓네살은 자기 최측근에 대한 신뢰를 이 방법으로 시험해 보고자 했습니다.
"이제 그 꿈을 내게 알게 하라 그리하면 너희가 그 해석도 보일 줄을 내가 알리라 하더라"(단 2:9하)
갈대아인들은 바로 이해를 합니다. "왕께서 물으신 것은 인간에게는 불가능한 것이다"고 말합니다.

인간적 번민에 빠진 절대 통치자는 위협이나 사형 외에 다른 수단은 알지 못합니다. 네 명의 친구들 역시 처형 리스트에 있다는 것을 알았을 때 다니엘은 엄숙한 평안함을 가지고 담당 근위대장의 집행을 지혜롭게 저지시켰습니다.
그는 하나님의 권능으로 처신했습니다. 그와는 반대로 성경은 근위대장 아리옥을 왕의 권능으로 나타나는 사람으로 묘사합니다.(15절)

다니엘은 에둘러 생각할 틈을 이용했고 유일하게 올바른 행동을 합니다. 즉 그는 자기 친구들에게 이것을 알리고 기도 후원을 요청합니다. 다니엘처럼 그 친구들도 하나님의 권능을 믿고 기도할 수 있다는 것을 다니엘은 알았습니다.

"여호와께서는 자기에게 간구하는 모든 자 곧 진실하게 간구하는 모든 자에게 가까이 하시는도다. 그는 자기를 경외하는 자들의 소원을 이루시며 또 그들의 부르짖음을 들으사 구원하시리로다."(시 145:18-19)

우리의 기도 동역자는 어디에 있습니까?

3) 하나님과 세상을 위해 봉사하는 네 친구

"이에 이 은밀한 것이 밤에 환상으로 다니엘에게 나타나 보이매 다니엘이 하늘에 계신 하나님을 찬송하니라. 다니엘이 말하여 이르되 영원부터 영원까지 하나님의 이름을 찬송할 것은 지혜와 능력이 그에게 있음이로다....이에 다니엘은 왕이 바벨론 지혜자들을 죽이라 명령한 아리옥에게로 가서 그에게 이같이 이르되 바벨론 지혜자들을 죽이지 말고 나를 왕의 앞으로 인도하라 그리하면 내가 그 해석을 왕께 알려 드리리라 하니 이에 아리옥이 다니엘을 데리고 급히 왕 앞에 들어가서 아뢰되 내가 사로잡혀 온 유다 자손 중에서 한 사람을 찾아내었나이다 그가 그 해석을 왕께 알려 드리리이다 하니라. 왕이 대답하여 벨드사살이라 이름한 다니엘에게 이르되 내가 꾼 꿈과 그 해석을 네가 능히 내게 알게 하겠느냐 하니 다니엘이 왕

앞에 대답하여 이르되 왕이 물으신 바 은밀한 것은 지혜자나 술객이나 박수나 점쟁이가 능히 왕께 보일 수 없으되 오직 은밀한 것을 나타내실 이는 하늘에 계신 하나님이시라 그가 느부갓네살 왕에게 후일에 될 일을 알게 하셨나이다… 왕이 이에 다니엘을 높여 귀한 선물을 많이 주며 그를 세워 바벨론 온 지방을 다스리게 하며 또 바벨론 모든 지혜자의 어른을 삼았으며 왕이 또 다니엘의 요구대로 사드락과 메삭과 아벳느고를 세워 바벨론 지방의 일을 다스리게 하였고 다니엘은 왕궁에 있었더라." (단 2:19-20, 24-28상, 48-49)

다니엘은 매우 위험했던 하루가 지난 뒤, 믿을 만한 세 명의 기도자들이 배후에 있다는 확신과 위로를 가지고서 잠을 잘 수 있었습니다. 신실하신 하나님은 그 기도에 우회적으로 대답했습니다. 하나님은 느부갓네살 왕이 다니엘에게 얼마의 기한을 주었는지 잘 알고 있었습니다. 하나님은 꿈과 이 꿈이 의미하는 바를 보여 주었습니다.

다니엘은 자기 하나님의 위대하심과 지혜에 압도당했고, 그와 그의 친구들이 체험했던 하나님의 호의에 역시 압도당했습니다. 그는 깊은 마음에서 하나님을 찬양하고 경배했습니다. 이것이 그에게는 우선이었습니다. 그러고 나서 왕에게 하나님 생각을 알려 주기 위해 길을 나섰습니다.

다니엘 자신은 확실히 어떤 보상을 생각하지 않았습니다. 모든 영광을 자기 하나님께 돌렸습니다. 하지만 다니엘은 자기 친구와 그 친구들의 기도를 그의 감사 찬송에서 언급했습니다. 다니엘의 말은 얼마나 그가 자기 친구들과 믿음으로 깊이 연결되어 있는지를 알았고 또 이해했는지를 밝혀줍니다.

"나의 조상들의 하나님이여 주께서 이제 내게 지혜와 능력을 주시고 우리가 주께 구한 것을 내게 알게 하셨사오니 내가 주께 감사하고 주를 찬양하나이다. 곧 주께서 왕의 그 일을 내게 보이셨나이다 하니라."(단 2:23)

다니엘은 이 어려운 상황에서도 은밀하게 함께 동역한 자기 친구들 곁에 있습니다. 그의 태도는 기도와 기도자에게 얼마나 높은 가치를 부여했는지를 보여줍니다. 일이 진행되면서 하나님은 우정의 선물을 부여하는 어떤 가능성을 열어주고 있습니다. 바벨론 전 지역의 태수로서, 또 왕의 책사로서 다니엘은 그가 이 임무를 혼자 해낼 수는 없다는 것을 알았습니다. 그는 능력 있고 신뢰할 만한 전우가 옆에 필요했습니다. 그래서 그는 그의 친구 사드락과 메삭과 아벳느고를 바벨론 지역 관리자로 불렀던 것입니다.

우정 어린 믿음의 공동체, 봉사 공동체 - 이것은 정말 대단한 특권입니다!

3. 친구인가 적인가?

"사탄이 이에 여호와 앞에서 물러가서 욥을 쳐서 그의 발바닥에서 정수리까지 종기가 나게 한지라."(욥 2:7)

"나의 가까운 친구들이 나를 미워하며 내가 사랑하는 사람들이 돌이켜 나의 원수가 되었구나. ...너희가 어찌하여 하나님처럼 나를 박해하느냐 내 살로도 부족하냐." (욥 19:19,22)

좋은 시절의 우정은 많은 사람들에게 부담이 없습니다. 하지만 어려운 지경에 있는 누군가가 옆에 있다는 건 쉬운 일이 아닐 겁니다. 엘리바스와 빌닷과 소발이 욥의 끔찍한 고통에 대해 알았을 때 그를 방문하기로 약속합니다. 좋은 시절이었던 때의 친구를 어려울 때라고 그냥 내버려 둘 수 없습니다. "친구는 사랑이 끊어지지 아니하고 형제는 위급한 때를 위하여 났느니라."(잠 17:17)

친구를 처음 보는 순간 골수까지 맘이 아팠습니다. 친구의 깊은 고통 앞에서 동정을 느끼는 친구들이 할 수 있는 것은 욥 옆에 앉아 함께 울고 그냥 조용히 있어야 할 뿐일 겁니다. 친구들은 욥의 가련함에 위로하면서 다가갑니다. 욥은 얼마나 훌륭한 친구들을 발견했는가요!

우리는 다른 사람의 어려움에 어떻게 반응하나요? 성급하게 선을 긋든지, 아님 우리를 너무나도 사랑하시는 하나님께 다른 사람의 짐을 맡깁니까?

　욥의 친구들은 욥 스스로가 침묵 깨뜨리기를 조용히 고대하며 기다립니다. 이제 욥은 침묵을 더 이상 참지 못하고 한탄으로 얘길 시작합니다. 그의 어려움이 그가 참아내기에는, 또 이해하기에도 너무 컸습니다. 파생되는 건 이 우정의 역사에서 영광의 장이 아니었습니다. 이 세 사람은 – 나중에 엘리훗도 합류하지만 – 이 고뇌를 인간적인 시각으로 규명하려고 합니다. 이제 설명이 손에 잡힐 듯 보입니다. 욥 자신이 자신의 고뇌의 원인임이 분명하기 때문입니다. 이렇게 함으로 그들은 욥의 고통을 더 키웁니다.

　논쟁할 여지도 없이 위로를 하고 싶은 사람은 실수하게 됩니다. 우리는 다음과 같이 기도할 수 있습니다. "주여, 성령을 통해 내가 좋은 위로자가 되도록 도우소서... 그리고 나에게 바른 말을 허락하소서."

　때때로 우리에게 길이 보이지 않거나, 미래에 보일 그러한 의문 때문에 긴장이 높아질 때에도, 또 시간이 겉보기에 의미 없이 흘러간다 해도, 하나님의 시간을 기다리는 것은 여전히 유효합니다. 그는 적당한 때 바른 길을 우리에게 보여주실 것입니다. 우리 주님처럼 그렇게 믿을만한 분이 없습니다!

　"너는 하나님과 화목하고 평안하라 그리하면 복이 네게 임하리라. 청하건대 너는 하나님의 입에서 교훈을 받고 하나님의 말씀을 네 마음에 두라. 네가 만일 전능자에게로 돌아가면 네가 지음을 받을 것이며 또 네 장막에서 불의를 멀리 하리라. 네 보화를 티끌로 여기고 오빌의 금을 계곡의 돌로 여기라. 그리하면 전능자가 네 보화가 되시며 네게 고귀한 은이 되시리니…"(욥 22:21-25)

몇 시간이나 욥 친구들의 셀 수 없는 선의의 말들은 소위 인과 응보 관계를 맴돌고 있습니다. 하나님이 근거 없이 고난을 주지 않는다는 겁니다. 빌닷과 소발은 욥이 하나님을 더 진지하게 찾아야 하고 그러면 고뇌가 경감될 거라고 강조합니다. 세 명 모두는 사람이 죄를 안 지었으면 고통도 당하지 않는다는 확신을 갖고 있습니다.

이 논거가 잘못된 것은 아닙니다. 첫 번째 인간이 죄에 빠진 이야기에서 우리는 하나님에 대한 불순종이 어려운 결과를 낳는다는 것을 압니다. 오늘날까지도 "죄는 백성을 욕되게 한다"(잠 14:34 하)는 말씀이 유효합니다.

그럼에도 우리는 비록 인간이 죄에 빠진 후 어떤 의미를 찾는 존재가 되었다 해도, 낯선 고통을 해석하려 하고 설명하려 해서는 안 됩니다. 이 세상의 모든 곤궁 속에서 의미는 오직 하나님 자신만이 내릴 수 있습니다. 욥이 종국에 "내가 주께 대하여 귀로 듣기만 하였사오나 이제는 눈으로 주를 뵈옵나이다."(욥 42:5)라고 말한 것처럼 하나님만이 그것을 하십니다.

욥은 깊은 고통에 있다 해도 하나님이 적이 아니라 친구라는 사실을 깨닫습니다. 우리의 고통조차 우리 죄를 어떻게 보상할 수 있겠습니까? 오직 죄 없으신 예수 그리스도만이 우리를 위해 자신의 생명을 저울판에 던져 올릴 수 있었습니다.

"그가 징계를 받으므로 우리는 평화를 누리고 그가 채찍에 맞으므로 우리는 나음을 받았도다."(사 53:5하)

그래서 사람들은 자기 하나님과의 개인적인 만남 속에서만 위로 가득한 의미를 가질 수 있습니다.

하나님은 회담 마지막 부분에 그 친구들의 모든 '의미-발견'을 분명하게 거절합니다.(욥 42:7-9) 하나님과의 만남 속에서 평화를 발견한 욥은 이제 하나님 편에서 특별한 우정의 사역을 부탁받습니다. 욥은 그들에게 화를 내지 않기 위해, 그들을 위하는 마음으로 하나님 앞으로 나아가야 합니다.

"욥이 자기 친구들을 위해 중보 기도할 때 주님이 욥의 운명을 돌려놓으신 겁니다."

"여호와께서 욥에게 이 말씀을 하신 후에 여호와께서 데만 사람 엘리바스에게 이르시되 내가 너와 네 두 친구에게 노하나니 이는 너희가 나를 가리켜 말한 것이 내 종 욥의 말 같이 옳지 못함이니라. 그런즉 너희는 수소 일곱과 숫양 일곱을 가지고 내 종 욥에게 가서 너희를 위하여 번제를 드리라 내 종 욥이 너희를 위하여 기도할 것인즉 내가 그를 기쁘게 받으리니 너희가 우매한 만큼 너희에게 갚지 아니하리라 이는 너희가 나를 가리켜 말한 것이 내 종 욥의 말 같이 옳지 못함이라. 사람 엘리바스와 수아 사람 빌닷과 나아마 사람 소발이 가서 여호와께서 자기들에게 명령하신 대로 행하니라 여호와께서 욥을 기쁘게 받으셨더라. 욥이 그의 친구들을 위하여 기도할 때 여호와께서 욥의 곤경을 돌이키시고 여호와께서 욥에게 이전 모든 소유보다 갑절이나 주신지라."(욥 42:1-10)

4. 다섯 명의 친구들

"수 일 후에 예수께서 다시 가버나움에 들어가시니 집에 계시다는 소문이 들린지라. 많은 사람이 모여서 문 앞까지도 들어설 자리가 없게 되었는데 예수께서 그들에게 도를 말씀하시더니 사람들이 한 중풍병자를 네 사람에게 메워 가지고 예수께로 올새 무리들 때문에 예수께 데려갈 수 없으므로 그 계신 곳의 지붕을 뜯어 구멍을 내고 중풍병자가 누운 상을 달아 내리니 예수께서 그들의 믿음을 보시고 중풍병자에게 이르시되 작은 자야 네 죄 사함을 받았느니라 하시니.." (막 2:1-5)

정말 인상 깊은 우정이 있습니다. 네 명의 남자가 장애가 있는 그들의 친구를 돌봅니다.

3절에서는 심지어 그의 운명에 관여하는 것을 알 수 있습니다. 건강한 다리를 가진 네 명의 남자들이 다리를 제대로 못 가누는 다섯 번째 사람을 도와주기 위해 온갖 힘과 노력을 다합니다. 분명한 그들의 관심은 그가 예수께 와야 한다는 것!

만약 누군가가 그의 건강을 위해 무언가를 할 수 있다면, 방금 많은 사람들에게 '말씀을 전한', 하나님 말씀을 전하신 이 분이라는 것입니다. 그는 하나님 말씀을 몸속에 가지신(요 1:1-3, 14, 요일 1:1) 바로 그 분입니다.

우리가 친구라고 하는 바로 그 사람들을 위한 우리의 가장 긴급한 관심은 무엇입니까? 그들을 예수께 데리고 오는 것보다 더 지속적으로 영향력을 미치는 것이 있습니까? 매트리스는 아니라 해도 변함없는 중보기도나 개인 상담, 혹은 우리 차로 기독 행사로 데리고 갈 수 있지 않겠습니까…

어떤 방법이든 간에 가버나움의 놀라운 이야기는 네 명 친구들의 개입으로 일어날 수 있었습니다. 다섯 번째 친구는 그들 없이 예수께로 갈 수 있었겠습니까? 그의 삶이 용서로 인해 하나님과의 질서가 회복되고 다시 건강할 수 있었겠습니까?

친구들은 책임을 서로 나누어집니다! 믿을 만한 보호를 어떤 넘쳐나는 일정의 우연한 틈새로 강제로 떠밀어 넣을 수 없습니다! 오르트베르크 John Ortberg는 이 5명의 친구관계를 '매트리스 우정'이라 합니다. 모두가 다 매트리스에 누울 수 있습니다. 친구를 가진 사람은 복 받은 거지요!

또 눈여겨봐야할 것은, 예수님이 지붕을 뚫고 친구를 내리는 그 친구들을 바라보았을 때 '그들의 믿음'을 본 것입니다! 네 명의 끈기 있고 창조적인 개입을, 마음을 아시는 예수님은 믿음으로 표시하셨습니다. 그들의 '다른 사람을 위하는 믿음'이 예수님 마음을 움직여서 낫게한 것입니다. 오늘날 누가 나의 '이 믿음'을 필요로 하고 있습니까?

5. 최고의 친구

"내 계명은 곧 내가 너희를 사랑한 것 같이 너희도 서로 사랑하라 하는 이것이니라. 사람이 친구를 위하여 자기 목숨을 버리면 이보다 더 큰 사랑이 없나니 너희는 내가 명하는 대로 행하면 곧 나의 친구라. 이제부터는 너희를 종이라 하지 아니하리니 종은 주인이 하는 것을 알지 못함이라 너희를 친구라 하였노니 내가 내 아버지께 들은 것을 다 너희에게 알게 하였음이라. 너희가 나를 택한 것이 아니요 내가 너희를 택하여 세웠나니 이는 너희로 가서 열매를 맺게 하고 또 너희 열매가 항상 있게 하여 내 이름으로 아버지께 무엇을 구하든지 다 받게 하려 함이라. 내가 이것을 너희에게 명함은 너희로 서로 사랑하게 하려 함이라." (요 15:12-17)

만약 대중에게도 알려진 어떤 유명한 사람이 무명의 인물을 '자기 친구'라고 소개한다면, 이 사람은 자동으로 유명한 그 사람의 명성과 후광의 일부를 한 부분 얻게 되지요. 여기에 하나님 아들이 계신데, 그는 이 세상과 작별하기 바로 직전, 제자들에게 "너희를 친구라 하겠다"(요 15:15하)고 말씀하십니다. 예수님은 제자와의 관계를 기술하기 위해 가장 훌륭한 단어를 선택하는데 바로 친구입니다.

예수님은 그의 우정을 세 가지로 규명합니다.
1) "너희를 친구라 하였노니 내가 내 아버지께 들은 것을 다 너희에게 알게 하였음이라."(요 15:15하)

예수님은 지금까지 알지 못했던 것을 그들에게 털어 놓습니다. 그리고 "이러한 알림은 공동체를 설립케 합니다."(G.Maier)

그의 친구들은 아는 자가 되어야 합니다.

"그 뜻의 비밀을 우리에게 알리신 것이요 그의 기뻐하심을 따라 그리스도 안에서 때가 찬 경륜을 위하여 예정하신 것이니..."(엡 1:9)

이러한 지식이 예수-친구들에게 이어 계속 전달할 의무감을 주게 됩니다.

2) "너희가 나를 택한 것이 아니요 내가 너희를 택하여 세웠나니.."
 (요 15:16상)

예수님은 "창세 전에"(엡 1:4) 우리를 택하셨습니다. 예수님과 우정을 맺으며 살겠다는 우리의 결단이 그에 대한 답이 될 수 있습니다.

3) "사람이 친구를 위하여 자기 목숨을 버리면 이보다 더 큰 사랑이 없나니.."(요 15:13)

바울은 우리가 아직 하나님 없이 죄인 되고 원수 되었을 때 예수님께서 자기 친구인 우리를 위해 자기 생명을 내어놓았다고 강조하고 있습니다. 이보다 더한 사랑, 더 깊은 우정은 없습니다.

이에 단지 하나의 반응만이 따라올 수 있습니다. 즉 예수님이 말씀하신 대로 행하는 것입니다. "너희는 내가 명하는 대로 행하

면 곧 나의 친구라."(요 15:14)

  이 세상의 주인이신 예수님과 맺은 나의 우정이, 오늘 어디서 새로운 순종으로 쓰임 받을 수 있을까요?

  이 세상의 친구들 나를 버려도
  나를 사랑하는 이
  예수뿐일세
  예수 내 친구 날 버리잖네
  온천지는 변해도 날 버리지 않네
  (찬송가 394장, '이 세상의 친구들')

6. 다윗과 하나님의 우정

"여호와의 친밀하심이 그를 경외하는 자들에게 있음이여. 그의 언약을 그들에게 보이시리로다." (시 25:14)

다윗은 하나님께로 돌아간 결과를 놀랍게 묘사하고 있습니다. "주님께서는 주님을 경외하는 사람과 의논하시며, 그들에게서 주님의 언약이 진실함을 확인해 주신다." (시 25:14)

경험한 속죄는 하나님과의 특별한 관계로 이끄는 문을 열어주십니다. 하나님이 그에게 제공해주신 이 우정에는 어떤 장애물도 있을 수 없습니다. 이미 모세는 이것을 경험했는데, 하나님이 그에게 "마치 사람이 자기 친구에게 말하듯이, 모세와 얼굴을 마주하고 말씀하셨습니다." (출 33:11상)

이처럼 하나님은 우리에게도 우정을 제공해 주셨습니다. 이것은 깊은 기쁨과 능가할 수 없는 행복을 의미하는, 측량할 수 없는 특권인 것입니다.

다윗은 하나님의 선물에 대해 감사함과 개인적 부탁으로 응하고 있습니다.

"주여 당신께로 내 영혼이 향합니다. 나를 인도하소서, 나를 생각하소서, 나를 용서하소서, 나에게 몸을 돌리소서, 내 영혼을 지키시옵소서."

믿음 가득한 채 다윗은 하나님 앞에서 모든 소망을 다 털어놓습니다. 비록 그가 '고독하고 불쌍하다' 느낀다 해도 그는 최고의 주소를 알고 있습니다.

"주님, 내 영혼이 주님을 기다립니다. 나의 하나님, 내가 주님께 의지하였으니…"(시 25;1-2상)

다윗이 체험하는 그 환경은 그리 밝지는 않습니다. 그의 장중에는 그와 원수 된 자들이 살고 있습니다. 가련함과 곤궁함이 그를 몰아치고 그를 항상 따라잡으려고 합니다. 그의 불안은 커집니다. 하지만 다윗이 하나님에 대해 알고 있는 자체가 하나님에게서 위대한 것을 구할 수 있게 합니다.

그래서 그는 하나님의 자비하심과 위대하심을 눈앞에 두고 말합니다.

"주님은 선하시고 올바르셔서, 죄인들이 돌이키시고 걸어가야 할 올바른 길을 가르쳐주신다. 겸손한 사람을 공의로 인도하시며, 겸비한 사람에게는 당신의 뜻을 가르쳐 주신다"(8-9절)

믿음 가득 그는 자신에게 우정을 약속하시는 하나님께 시선을 둡니다.

"주님은 그를 경외(두려워)하는 사람의 친구가 되신다." 다윗은 하나님과의 우정을 맺을 수 있는 조건에 대해 얘기하고 있습니다. 즉 하나님을 경외(두려워)하는 것.

이것은 우리가 늘 하나님 앞에서 불안하게, 겁내면서, 놀라면서, 아니면 불안전하게 살아야한다는 말이 아닙니다. 그를 경외(두려워)한다는 말은 오히려 '거룩한 두려움, 그를 지극히 존경하고 진심으로 존중하면서 서 있다'는 뜻입니다.(잠 14:27, 시 5:7, 111:10)

또 하나님을 경외하는 삶은 그의 뜻을 묻고 그 뜻을 행하는 것을 의미합니다. "내가 너희에게 명한 것을 너희가 행하면, 너희는 나의 친구이다."(요 15:14)

하나님 경외는 사랑과 신뢰, 하나님께 순종하는 데서 볼 수 있습니다. 이를 통해 우리 삶에 풍부한 축복이 넘쳐납니다. "그러나 내 이름을 경외하는 너희에게는, 의로운 해가 떠올라서 치료하는 광선을 발할 것이니…"(말 4:2상)

다윗은 그가 하나님과의 우정의 조건을 성취하려고 얼마나 노력했는지를 알려줍니다. 그는 말합니다. "내 눈은 언제나 주님을 바라봅니다."(시25:15상)

하나님을 경외한다는 것은 하나님 보는 데서 사는 것입니다. 이것은 특히 우리가 압박을 당할 때 필요로 한 것입니다. 다윗은 하나님을 바라보고 빌었습니다.

"주님, 나를 돌보아 주시고, 나에게 은혜를 베풀어 주십시오. 나는 외롭고 괴롭습니다. 내 마음의 고통에서 벗어나게 해 주시고 나를 이 아픔에서 건져주십시오. 내 괴로움과 근심을 살펴주십시오. 내 모든 죄를 용서하여 주십시오. 내 원수들을 지켜 봐 주십시오. 그들의 수는 많기도 합니다. 그들은 불타는 증오심을 품고, 나를 미워합니다. 내 생명을 지켜주십시오. 나를 건져주십시오."(시 25:16-20상)

이 기도로써 다윗은 자신을 완전히 하나님 손에 맡기고는 그에게 우정을 약속하신 그 분께로 숨을 줄 압니다. 우리는 다윗의 말씀을 시편 138:1-8에서 더 잘 알 수 있고 이것을 가지고 지속적으로 기도할 수 있습니다.

우리는 하나님을 100% 믿을 수 있습니다. 왜냐하면 자신의 우정을 약속하신 하나님은 그를 떠나지 않기 때문입니다. 그 속에 진정한 우정의 본질이 나타납니다. 우리의 하나님은 곤궁함과 고뇌 속에 참을 수 없고 수수께끼 같이 보이는 그런 속에서도 우리 가까이에 계십니다.

아마 우리는 당장 다윗도 알고 있었던 어떤 곤궁함, 고독과 불안과 싸워야 할지 모릅니다. 우리가 그물에 걸려 아무런 출구도 보지 못해도 하나님의 약속은 유효해서 그는 우리와의 우정을 굳건히 붙들고 계십니다.

아마 우리의 곤궁함은 전혀 다른 얼굴을 가지고 있을 수도 있습니다. 가족 간의 어려움, 우리 삶의 현장에서의 부담스런 관계, 나쁜 예측의 검진, 직장이나 재정적 문제가 있을 수 있습니다. 항상 중요한 것은, 전능하신 하나님이 항상 도와주시기 위해 우리 곁에 계신다는 것을 기억하는 것입니다.

"너희는 내가 명하는 대로 행하면 곧 나의 친구라. 이제부터는 너희를 종이라 하지 아니하리니 종은 주인이 하는 것을 알지 못함이라 너희를 친구라 하였노니 내가 아버지께 들은 것을 다 너희에게 알게 하였음이라."(요 15:14-15)

7. 갑작스런 친구

"빌라도가 대제사장들과 무리에게 이르되 내가 보니 이 사람에게 죄가 없도다 하니 무리가 더욱 강하게 말하되 그가 온 유대에서 가르치고 갈릴리에서부터 시작하여 여기까지 와서 백성을 소동하게 하나이다. 빌라도가 듣고 그가 갈릴리 사람이냐 물어 헤롯의 관할에 속한 줄을 알고 헤롯에게 보내니 그 때에 헤롯이 예루살렘에 있더라. 헤롯이 예수를 보고 매우 기뻐하니 이는 그의 소문을 들었으므로 보고자 한 지 오래였고 또한 무엇이나 이적 행하심을 볼까 바랐던 연고러라. 여러 말로 물으나 아무 말도 대답하지 아니하시니 대제사장들과 서기관들이 서서 힘써 고발하더라 헤롯이 그 군인들과 함께 예수를 업신여기며 희롱하고 빛난 옷을 입혀 빌라도에게 도로 보내니 헤롯과 빌라도가 전에는 원수였으나 당일에 서로 친구가 되니라."(눅 23:4-12)

우선순위를 묻는 설문지에서 우정은 상당히 상위에 위치합니다. 우정은 귀중한 재산입니다. 우리의 창조주가 우리에게 준비해둔 다른 놀라운 선물처럼 우정도 유감스럽게 될 때가 있습니다. 즉 우정은 인간의 죄에 취약합니다.

그것에 대해 성경도 얘기합니다. 헤롯*과 빌라도는 원래 앙숙 관계였습니다. 두 사람 다 권력자였고 다른 사람의 친절에 종속되어 있었습니다. 여기서 이런 질문이 성립됩니다. 왜 빌라도가 자기 예수 재판 사건을 하필이면 헤롯에게로 보내었는지? 예수가 갈릴리 나사렛 출신이고 이로써 헤롯의 관할권이라서 그랬습니까? 아님 빌라도 자신이 이 일에서 벗어나고 싶었습니까?

빌라도 마음 바탕에는 예수님이 죄 없는 사람이라는 것을 알았습니다. 하지만 그렇다고 예수님을 석방시킬 수도 없고 이로 인해 유대인들의 분노를 가지게 할 필요도 없었습니다. 아니면 예수-재판에서 결정권을 헤롯에게 넘김으로써 관계를 호전시키려했을까요? 실제로 헤롯은 전국적으로 알려진 피고를 맞이할 준비가 되어있었습니다. 호기심도 있었고 센세이셔널한 흥미도 있었기에 진실에는 관심도 없이 많은 질문을 던졌던 것입니다.

예수님은 그의 호기심에 별 협조가 안 되었습니다. 그는 하늘의 아버지를 위해, 사탄의 권세에 의해 잃어버린 세상을 구원하려는 생각뿐이었습니다. 인간적인 작은 권력싸움이 예수님을 막지 못했습니다. 그는 헤롯왕이 멸시와 조롱으로 그를 업신여기고 빌라도에게 되돌려 보낸 것을 참아냈습니다.

우리는 인상 깊게 읽을 수 있습니다. "당일에는 헤롯과 빌라도가 친구가 되니라." 우정이라는 게, 그릇된 길로 가서 악을 불러일으키는 어두운 부분을 취할 수도 있습니다.

시편 2편은 이러한 명예스럽지 못한 우정체결의 선지적 배경을 형성하고 있습니다. "세상의 군왕들이 나서며 관원들이 서로 꾀

하여 여호와와 그의 기름 부음 받은 자들을 대적하며…"(시 2:2)

* 여기서 헤롯은 안티파스를 말하는데, 그는 헤롯 대왕의 둘째 아들로서, 동 요르단 지역의 갈릴리나 페레아 Peraea 지역을 다스렸습니다. 헤롯 대가족의 가족 관계는 한 마디로 엉망이었습니다. 안티파스 헤롯은 첫 부인을 밀쳐내고, 자기 제수이자 질녀인 헤로디아와 결혼했었습니다. 헤로디아 역시 이 새로운 관계를 위해 원래 남편을 버렸습니다. 이 이중결혼은 공공연히 큰 물의를 일으켰습니다.

두 개의 사건이 '멈춤 싸인'으로, 안티파스 헤롯을 정신 차리게 할 수는 있었을 겁니다. 즉 그의 전 장인인 아레타스 Aretas 아랍 왕이 전쟁을 할 때 헤롯 안티파스에게 혹독한 참패를 가져다 주었습니다. 또 다른 것은 세례 요한과 관련되는데, 요한이 그 소군주를 하나님과 사람에 대해 의롭지 못한 행동을 심히 질책한 겁니다. 안티파스 양심에 건드린 겁니다. "회개치 않는 나쁜 마음보다 더 위험한 것은 없습니다."(A. Pohl)

헤롯은 자신의 죄악의 길을 완강하게 갑니다. 용서받지 못하는 죄 위에 계속되는 죄가 쌓입니다. 어떤 '적절한' 시점이 다가온 것입니다. 여기에 '존경받는 인물들'과 함께 하는 큰 생일 파티가 있습니다. 하지만 이 사람들은 한 인간 생명의 고귀함에 대한 존경을 술판과 유혹적인 춤 분위기에 빠뜨려버렸습니다. 변덕심한 아합 왕이 복수심 강한 부인 이세벨에 하나님을 경외하는 나봇을 자유롭게 죽일 수 있도록 한 것 같이(고전 21:1-16), 이제 헤롯왕은 연회 참석자들에게 한 맹세를 지키려고 합니다. 세례요한은 이렇게 해서 죽게 됩니다.

8. 가장 중요한 것을 나눔

행 10:1-43

백부장 고넬료는 그가 지위나 이름을 가졌기 때문일 뿐 아니라 관대하고 사랑받는 사람이었습니다. 그에게 유대인의 하나님이 너무 인상 깊었기 때문에 그는 그 동안 하나님과 개인적인 기도교제를 했었고 유대인들 공동체를 물질적으로 후원하고 있었습니다. 하지만 그렇다고 로마인이 그를 유대인으로 만들 수는 없었습니다. 어떤 한계가 있었습니다.

하나님이 그의 진지한 바람을 보시고 누가 그를 계속 도울 수 있을지 알게 하셨습니다. 고넬료는 친척과 친구들을 이 만남에 무조건 참여하도록 했습니다. 누가는 많은 사람이 그의 초대에 따랐다고 기록하고 있습니다.

고넬료가 며칠 간 휴가를 얻어 봉사 후 처음으로 친구들과 친척들을 불러 모았는지는 모르지만, 모두가 제 시간에 그의 거실에 모일 수 있었습니다. 고넬료는 시몬이 와서 유대 신에 대해 결정적인 말을 할 거라는 것을 알았습니다. 하나님이 시몬 베드로에게 막간의 시간 동안 이방인 집에서 '거실-복음'을 예비하셨다는 것은 놀라운 일이었던 겁니다.

독일에서 50년간 사역하시는 박옥희 목사님 가정에는 손님이 끊일 날이 없습니다. 남편이 독일 목사님이지만 그 가정은 늘 오픈해 놓고 독일로 오는 손님들에게 쉼터를 제공합니다. 갓 유학 온 학생부터 해외 선교사님에 이르기까지 나그네를 섬기는 그 모습 하나로도 존경의 대상이 되기에 충분합니다. 그곳에 쉼터를 개방할 뿐 아니라 그들에게 복음을 전하거나 혹은 믿음이 약한 크리스천에게 신앙의 확신을 주기 위해 노력하는 것을 볼 수 있습니다.

고넬료처럼 사람을 모으는 것도 큰 사역 중 하나입니다. 베드로라는 주님의 제자에 대해 어떤 라이벌 의식도 가지지 않고(고넬료 자신도 사회적 지위가 있는데) 마음을 비워 주님의 종을 모시는 모습을 봅니다. 오늘날 우리가 본받아야 할 장면인 것입니다.

고넬로와 베드로가 만날 때, '살아계신 하나님이 우리를 놀라운 방법으로 인도해주셨구나' 라고 확신했습니다! 베드로는 "만유의 주 되신 예수 그리스도로 말미암아 화평의 복음을 전하사 이스라엘 자손들에게 보내신 말씀… 그에 대하여 모든 선지자도 증언하되 그를 믿는 사람들이 다 그의 이름을 힘입어 죄 사함을 받는다 하였느니라"(10:36,43)라고 모든 사람들에게 설명을 했습니다. 청중들은 '예수님이 이방인에게도 구세주가 되시구나' 라고 파악했습니다.

고넬료가 여기 있는 손님들과 함께 체험한 것은 그들의 믿음뿐 아니라 세계사를 변화시켰습니다. 고넬료가 다른 사람들이 살아 계신 하나님을 만날 수 있게 자기 집을 오픈한 것은 얼마나 잘한 일입니까!

사랑하는 주님 앞에
형제 자매 한 자리에
크신 은혜 생각하며
즐거운 찬송부르니
내주 예수 본을 받아
모든 사람 내 몸같이
환난근심 위로하고
진심으로 사랑하세

(찬송가 220장, '사랑하는 주님 앞에')

성경 속의 형제자매

우리 인간의 마음속에는 질투라는 것이 있어서, 남이 잘되는 걸 축복해 주어야 하는데 그렇지 못한 경우가 많습니다. 그러니 사촌이 논을 사면 배가 아프다고 하지 않았습니까? 형제간에도 마찬가지입니다. 우애가 깊은 가정도 있지만, 남들보다 더한 나쁜 관계로 지내는 사람들이 얼마나 많은지 모릅니다.

크리스천들은 육신의 형제자매들보다 매 주일 만나는 교회 공동체 형제간에 더 끈끈한 우애를 느끼지 않습니까? 부르디외가 멀리 있는 사람 간이 가까이 있는 이웃보다 더 긴밀할 수 있다고 말했듯이, 현대에 오면 거리가 문제 되지 않고, 지구 반대편에서도 서로 통화하고 실시간 메시지를 주고받을 수 있는 겁니다.

형제, 자매들 사이는 어떤 운명적 관계라 말합니다. 이 형제, 자매들은 골라내거나 '폐기할' 수도 없습니다. 평생을 함께 합니다. 그래서 심리학자들은, 다른 무엇보다 친근함과 경쟁, 증오와 사랑 간의 관계가 그렇게 가깝다고 말합니다.

성경에 나타나는 육신의 형제자매 모습은 어떤지 살펴봅니다. 이는 여러 형태로 나타납니다.

여기서는 가인과 아벨을 시작으로 돌아온 탕자 우화의 두 아들까지 여러 경우를 살펴봅니다.

독일 경건주의자 친첸도르프는 하나님을 사랑하고 형제 사랑하라는 하나님의 신 계명을 가장 중시했습니다. 그는 "그가 우리를 위하여 목숨을 버리셨으니 우리가 이로써 사랑을 알고 우리도 형제를 위하여 목숨을 버리는 것이 마땅하니라"(요일 3:16)를 모토로 삼으며 형제 사랑은 하나님 사랑과 상통한다고 여겼습니다.

> 네 친구를 삼가 잘 선택하고
> 너 언행을 삼가 늘 조심하라
> 너 열심을 다해 늘 충성하고
> 온 정성을 다해 주 봉사하라
> 우리 구주와 힘과 그의 위로를 빌라
> 주님 네 편에 서서 항상 도우시리
> (찬송가 342장, '너 시험을 당해')

1. 서로 다른 두 명의 형제

"그가 또 가인의 아들 아벨을 낳았는데 아벨은 양 치는 자였고 가인은 농사하는 자였더라 세월이 지난 후에 가인은 땅의 소산으로 제물을 삼아 여호와께 드렸고 아벨은 자기도 양의 첫 새끼와 그 기름으로 드렸더니 여호와께서 아벨과 그의 제물은 받으셨으나 가인과 그의 제물은 받지 아니하신지라 가인이 몹시 분하여 안색이 변하니 여호와께서 가인에게 이르시되 네가 분하여 함은 어찌 됨이며 안색이 변함은 어찌 됨이냐 네가 선을 행하면 어찌 낯을 들지 못하겠느냐 선을 행하지 아니하면 죄가 문에 엎드려 있느니라 죄가 너를 원하나 너는 죄를 다스릴지니라 가인이 그의 아우 아벨에게 말하고 그들이 들에 있을 때에 가인이 그의 아우 아벨을 쳐죽이니라" (창4:2-8)

여기 본문의 가인과 아벨 형제는, 자기 땅을 경작하고 유지하라는 하나님의 부탁을 받습니다.

형제의 결속으로 얼마나 좋은 것이 생겨날 수 있었겠습니까? 서로 협력 보완하면 얼마나 대단하겠습니까? 하지만 가인은 이러한 하나님 선물을 알지 못했습니다.

고등학교 때 훌륭하신 박성기 교장 선생님 훈시가 아직 제 머릿속에 남아있습니다. 가족 중 소위 성공을 하고 가장 여유가 있는 사람이라면, 자기보다 못한 형제, 자매들을 돌보아야 하고 가능하면 도와줄 수 있는 대로 선의를 베푸는 게 인간의 도리라고.

본문에서 가인의 마음속에는 시기와 분노, 증오(요일 3:11-12)가 도사리고 있습니다. 하나님이 자기 형제의 헌물을 받아들이고 자기 것은 안 받아들였을 때, 가인은 자기 형제를 라이벌로 본 것입니다. 하나님은 그에게 경고합니다.(7절)

가인과 아벨의 관계처럼 오늘날 우리 형제자매 관계도 그렇지 않습니까?

눈길을 피하는 것은 무너진 형제 관계의 표시입니다. 가인은 아벨의 눈을 더 이상 볼 수 없었던 겁니다.
"눈은 몸의 등불이니 그러므로 네 눈이 성하면 온 몸이 밝을 것이요 눈이 나쁘면 온 몸이 어두울 것이니…"(마6:22-23상)

우리는 우리 형제와 자매들에게 어떻게 아이 컨택을 하고 있습니까? 하지만 가인은 하나님의 경고를 무시합니다. 라이벌 의식이 최고의 극에 달합니다. 가인은 형제를 죽이게 됩니다!

파울 게르하르트의 텍스트는 오늘 우리에게 도움을 줍니다:
"어떤 시기심도 없이 내가 기쁨으로 축복을 보게 하소서. 당신이 내 형제나 이웃에 내려주실 축복을 말입니다."

2. 잘 알려진 쌍둥이 형제

"이삭이 그의 아내가 임신하지 못하므로 그를 위하여 여호와께 간구하매 여호와께서 그의 간구를 들으셨으므로 그의 아내 리브가가 임신하였더니 그 아들들이 그의 태 속에서 서로 싸우는지라 그가 이르되 이럴 경우에는 내가 어찌할꼬 하고 가서 여호와께 묻자온대 여호와께서 그에게 이르시되 두 국민이 네 태중에 있구나 두 민족이 네 복중에서부터 나누이리라 이 족속이 저 족속보다 강하겠고 큰 자가 어린 자를 섬기리라 하셨더라 그 해산 기한이 찬즉 태에 쌍둥이가 있었는데 먼저 나온 자는 붉고 전신이 털옷 같아서 이름을 에서라 하였고 후에 나온 아우는 손으로 에서의 발꿈치를 잡았으므로 그 이름을 야곱이라 하였으며 리브가가 그들을 낳을 때에 이삭이 육십 세였더라" (창 25:21-26)

하나님은 이삭의 기도를 은혜롭게 들으시고 리브가에게 임신을 허락합니다. 모든 것이 쌍둥이 출산을 암시하고 있습니다. 곧 이것으로 어떤 형제 드라마임이 밝혀집니다! 야곱과 에서가 인간적으로 다른 종류라는 것뿐만 아니라 하나님의 뜻과 계획에 대한 그들의 태도는 서로 무척 다릅니다.

어머니 리브가의 지원을 받는 야곱에게는 장자권과 하나님 축복권보다 더 가치 있는 게 없었습니다. 하지만 하나님이 야곱에 대한 자신의 약속을 성취하시기까지 야곱은 기다릴 수 없었기에 이것은 불행을 초래하게 됩니다.

결국에는 하나님 것을 가볍게 여기게 되고 또 배가 너무 고파서 야곱의 손에 놀아나는 결과를 낳습니다. '사업상 유익하게', 겉으로 보기엔 품위 있게, 야곱은 에서에게 "장자의 명분을 오늘 내게 팔라"(31절)고 말합니다. 그러나 이 품위는 야곱이 오래전 포기했습니다. 이기적인 전략적 행동은 분명 믿음 있는 자의 레퍼토리가 아닙니다.

여기서 한편으로는 형제간의 천박함으로 묘사되지만 다른 한편으로는 성취된 하나님 약속인 이것은, 궁극적으로 하늘에서부터 이해되어질 수 있는 겁니다. 여기서는 하나님의 전 세계적 치유의 계획, 구원의 계획이 중요합니다. 하나님은 그의 아들 예수 그리스도에 이르는 축복 라인을 확정짓게 됩니다. 에서가 아닌 야곱이 축복 전수자가 되어야 합니다. 그래서 비록 속임과 죄가 있지만 그런 일이 일어나는 겁니다. 한편으로는 부끄러우면서도, 또 한편으로는 위로할 만합니다.

야곱에 대한 하나님의 섭리를 보면 모든 역사의 주도권은 하나님에게 있다는 것을 알 수 있습니다. 인간적인 결점이 많을지라도 주님이 야곱을 들어 쓰시고 후대에까지 축복해 주시는 것을 알 수 있습니다.

"하나님은 곡선 위에서도 직선으로 써내려 가실 수 있습니다."(P.Claudel*)

* 폴 클로델 P.Claudel(1868-1955)은 프랑스 외교관이자 시인

너는 담장 넘어로 뻗은 나무
가지에 푸른 열매처럼
하나님의 귀한 축복이 삶에
가득히 넘쳐 날거야
너는 어떤 시련이 와도
능히 이겨낼 강한 팔이 있어
전능하신 하나님께서
너와 언제나 함께 하시니
너는 하나님의 사람
아름다운 하나님의 사람
나는 널 위해 기도하며
네 길을 축복할거야
너는 하나님의 선물
사랑스런 하나님의 열매
주님 품에 꽃피운 나무가 되어줘

(복음송, '야곱의 축복')

3. 두 자매

창 29:1-31

자신의 자매와 비교해서 못 생겼다고 생각할 때 견디기가 힘듭니다. '곱고 아리따운 여인'으로 묘사되는 라헬을 자기 동생으로 둔 레아가 그런 경우입니다. 동생과는 반대로 '시력이 약한' 레아에게 빛나는 구석이라고는 없습니다.

첫 딸과 결혼시킨다는 당시 풍속에 따라 아버지 라반은 야곱이 계획했던 라헬과의 사랑의 혼인을 꼬이게 만듭니다. 라반은 미래의 사위에게 우선은 덜 매력적인 첫째와 결혼시켜야만 합니다. 이후 하나님은 율법에서 분명히 친척끼리의 중혼을, 또 궁극적으로 다혼을 금지합니다.(레 18:1-18) 하나님은 그의 놀라운 발명품인 '결혼', 남녀 간 평생 나눌 수 없는 사랑을 결코 포기하시지 않습니다. 다른 식으로 하면 결코 일이 잘 되어가지 못합니다.

"야곱이 레아보다 라헬을 더 사랑합니다."(18절) 레아는 매일 내가 잘못 되었구나 라고 느낄 수밖에 없습니다. 뛰어난 여동생과 신랑을 함께 나누어 가져야하는 것이 얼마나 화병 나는 일입니까!

하나님은 실의한 레아에게 몸을 돌리시고 그녀에게 동등한 여건을 만들어 줍니다.

"여호와께서 레아가 사랑 받지 못함을 보시고 그의 태를 여셨으니 라헬은 자녀가 없었더라."(31절)

레아의 건강하게 출생한 레아의 아들들의 이름은 하나님께 대한 안도와 감사를 반영하고 있습니다.(31-35절) 당시 아들들은 지위의 상징이었습니다.

그런데 이제 라헬에게 문제가 생깁니다. 그녀는 아이 때문에 자기 언니를 질투하게 됩니다. 고집 쎈 한 아이처럼, 그녀는 하나님의 섭리에 반항합니다. 그녀는 자기가 선택한 '대리모'를 대안으로 언니와 출산 경쟁을 벌리고 승리자로 느끼게 됩니다.(창 30:1-24)

자매간에 그런 승리를 축하하다니 얼마나 가련합니까! 그리고 우리 하나님은요? 하나님은 두 사람 모두에게 자비롭습니다. 라헬의 아들 요셉은 이 땅 위 하나님 백성의 생명을 구해줄 것입니다.(창 50:20) 레아의 아들 유다는 모든 사람을 구원하시고 영원한 생명을 주신 예수님의 조상이 될 것입니다.(창 49:10)

아옹다옹 살아가는 우리 인간이지만 하나님은 편애하지 않으시고 공평하게 사랑하시는 분이심을 알 수 있습니다.

4. 형제간의 드라마

창 37:1-28

얼마나 복잡한 가족 관계 인가요! 네 어머니와 한 아버지의 아이들은 서로 아웅다웅 해야 했습니다. 해가 갈수록 얼마나 많은 불의를 체험 할까요:
- 어머니들 간의 경쟁
- 아버지 야곱의 라헬 자녀 편애
- 요셉의 지혜 없는 (하나님에게서 받은 꿈) 해몽

열 명의 형제들은, 인간적으로 이해할 수 있으나, 가장 탁월한 그 형제인 요셉을 시기합니다. 그런 관계망 속에서 모두는 서로에게 잘못을 저지릅니다.

이것은, 사람들이 함께 살아간다면, 오늘날 일상에서도 마찬가지입니다.
"...차별이 없느니라 모든 사람이 죄를 범하였으매 하나님의 영광에 이르지 못하더니..." (롬 3:22하-23)

형제간의 시기와 질투는 앞에서도 살펴보았지만 얼마나 모두를 곤경에 빠뜨립니까? 그래서 주님은 평화의 도구가 중요함을 말씀하셨던 겁니다.

하나님 앞에 우리 개인적인 죄를 어떻게 하는가가 결정적입니다. 형제들은 그들의 시기심을 제어하지 못합니다. 요셉을 섬긴다고? 그들은 그것을 막아야 합니다. 그들은 요셉이 말 못하도록 했을 뿐 아니라, 그 시기심은 증오와 살인으로 커져갑니다.

하지만 자기 형제를 공격하는 사람은 모든 생명의 창조자이고 보호자인, 살아계신 하나님의 벌을 받습니다. 이 열 명은 그것을 완전히 잊었나요? 증오는 눈을 멀게 합니다.

그래서 유다는 그 형제를 죽이지 않으려고 합니다. 그는 요셉을 팔아넘기자고 제안합니다. 하나님은 요셉의 발자취를 무無로 사라지도록 허락하지 않습니다.

형제들이 꿈의 내용을 두려워하고 그 꿈과 반대로 행동하는 반면, 하나님은 그것을 성취하도록 보호하십니다. 하나님과 함께 살아가는 사람은 요셉이 그랬던 것처럼(창 39:2-3,9하,21-23), 하나님이 목표점에 데려가신다는 확신을 가져야 합니다.

우리를 감동케 하는 장면이 요셉 이야기 끝부분에 나옵니다. 형들을 여전히 사랑하고 있는 요셉은 울음을 참지 못해 옆방으로 건너가 흐느낍니다. 형제를 용서하는 요셉의 모습은 주님의 사랑을 생각나게 합니다. 우리를 사랑하는 주님, 당신 외에 우리가 무엇을 바랄 수 있겠습니까?

그의 큰 인내와 사랑은 바로 이것입니다: 오랜 우회 길에 형제

들을 화해시키고 깨어진 가족을 치유하심 입니다.(창 50:18-21)

"하나님이 계획하고 원하시는 것은 결국 목표와 목적에 도달할 것임에 틀림없습니다."(P.Gerhardt)

행군나팔 소리에 주의 호령 났으니
십자가의 군기를 높이 들고 나가세
선한 싸움 다 싸우고 의의 면류관
의의 면류관 받아쓰리라
선한 싸움 다 싸우고 의의 면류관
예루살렘 성에서
면류관 받으리 저 요단강 건너
우리 싸움 마치는 날 의의 면류관
예루살렘 성에서
(찬송가 360장, '행군 나팔 소리에')

5. 하나님 섬김에 있어 세 남매

"아므람의 처의 이름은 요게벳이니 레위의 딸이요 애굽에서 레위에게서 난 자라 그가 아므람에게서 아론과 모세와 그의 누이 미리암을 낳았고…" (민 26:59)

"여호와께서 갑자기 모세와 아론과 미리암에게 이르시되 너희 세 사람은 회막으로 나아오라 하시니 그 세 사람이 나아가매 여호와께서 구름 기둥 가운데로부터 강림하사 장막 문에 서시고 아론과 미리암을 부르시는지라 그 두 사람이 나아가매 이르시되 내 말을 들으라 너희 중에 선지자가 있으면 나 여호와가 환상으로 나를 그에게 알리기도 하고 꿈으로 그와 말하기도 하거니와 내 종 모세와는 그렇지 아니하니 그는 내 온 집에 충성함이라 그와는 내가 대면하여 명백히 말하고 은밀한 말로 하지 아니하며 그는 또 여호와의 형상을 보거늘 너희가 어찌하여 내 종 모세 비방하기를 두려워하지 아니하느냐 여호와께서 그들을 향하여 진노하시고 떠나시매 구름이 장막 위에서 떠나갔고 미리암은 나병에 걸려 눈과 같더라 아론이 미리암을 본즉 나병에 걸렸는지라 아론이 이에 모세에게 이르되 슬프도다 내 주여 우리가 어리석은 일을 하여 죄를 지었으나 청하건대 그 벌을 우리에게 돌리지 마소서 그가 살이 반이나 썩어 모태로부터 죽어서 나온 자 같이 되지 않게 하소서 모세가 여호와께 부르짖어 이르되 하나님이여 원하건대 그를 고쳐 주옵소서" (민 12:4-13)

애굽의 지배하에 있던 어려운 시기에 유대인 부부인 아므람과 요게벳 사이에서 세 아이가 낳는데 미리암과 아론과 모세였습니다. 세 명 모두 모세 5경에는 선지자로 표기됩니다.(출 7:1, 15:20, 신 34:10)

지금까지도 가장 중요한 선지적 사명이란, 하나님 요청에 따라 그의 말씀과 그의 구체적 뜻을 전달하는 것입니다. 이 세 남매 모두 그들 백성을 섬기는데 있어 하나님은 그들의 각기 다른 은사를 사용했습니다.

미리암은 열광케 하는 방법으로 그들 백성의 여인들에게 하나님을 찬양하는 동기를 부여했습니다.(출 15:20-21)

아론은 이후에는 대제사장직을 맡아 선지적 임무를 전혀 다른 모양으로 수행했습니다. 하나님은 스스로 입술이 둔한 자라고 말한 모세에게 다음과 같이 말씀합니다.

"…네 형 아론은 네 대언자가 되리니 내가 네게 명령한 바를 너는 네 형 아론에게 말하고 그는 바로에게 말하여 그에게 이스라엘 자손을 그 땅에서 내보내게 할지니라"(출 7:1하-2)

남매들 중 가장 어린 모세는 업무수행 책임에서 하나님 선지자로서 탁월한 역할을 하게 되는데, 이것은 다른 두 남매의 반감을 일으켰습니다. 미리암이 먼저 언급되는데 선동자처럼 보입니다. 모세의 결혼을 보면서 행한 비판은, 정말 이 두 남매가 시기하고 있고 모세와 같아지려고 하는 그 사실을 숨기려는 핑계처럼 보입니다.

얼마나 어리석습니까! 그렇다면 그들은 지도자로서 자신들이 져야할 짐을 지고 갈 준비가 되었는가요? 모세에게 반항하는 것이 근본적으로 하나님께 반항한다는 사실을 그들은 생각하고 있지 않습니까?

모세는 모범적으로 반응합니다. 그는 침묵함으로써 하나님께 자기 옳음을 보살필 공간을 주고 있습니다.

침묵이 답인 때가 많습니다. 주님도 십자가를 지고 가실 때 아무 말도 하지 않았습니다. 모세는 침묵으로 하나님께 심판을 위임하고 있습니다.

"내 사랑하는 자들아 너희가 친히 원수를 갚지 말고 하나님의 진노하심에 맡기라…"(롬12:19상)

미리암과 아론은 자기 남매 모세의 지도력이 하나님에게서 나왔는데도 그것에 의문을 제기하는 잘못된 생각을 하였습니다. 이로써 하나님 자신이 직접 그들에게 계획을 말씀하십니다. "여호와께서 갑자기 모세와 아론과 미리암에게 이르시되 너희 세 사람은 회막으로 나아오라!"고 하십니다.

'너희 세 사람!' 이란 이 세 단어에, 모든 게 다 씌어있지는 않지만 이런 의미가 내포되어 있습니다: 너희 세 명은 남매간이 아니냐! 너희 세 명은 함께 속한 사람들이 아니냐! 너희 세 명은 나의

(한) 팀, 나의 동역자가 아니냐!

분명 하나님은 그 두 명의 눈앞에 자기 임무를 수행하는 모세의 독보적인 위상을 높여줍니다. "그는 내 온 집에 충성함이라 그와는 내가 대면하여 명백히 말하고 은밀한 말로 하지 아니하며 그는 또 여호와의 형상을 보거늘 너희가 어찌하여 내 종 모세 비방하기를 두려워하지 아니하느냐?"(민 12:7하-8)

우리는 하나님 나라뿐 아니라 이 세상에서 책임 맡은 것에 대해 조심해야 합니다. 우리는 얼마나 빨리 다른 사람의 믿음 상태를 뭉개버릴 수 있는가요! 이것은 우리가 모든 것을 인정하라는 것을 의미하지 않습니다. 모두는 자신이나 인도하는 의무 속에 있는 사람들의 배경을 물을 준비가 되어야 합니다.

하나님이 비판자들에게서 분노하며 등을 돌림으로써, 하나님이 미리암과 아론의 시기심 어린 비판이 얼마나 위험하다고 평가하는지 명확해집니다. 추정이지만 주모자인 미리암에게 하나님은 그 당시 불치 감염병인 문둥병에 걸리게 합니다. 미리암은 단순히 일상으로 나아갈 수 없었습니다. 하나님은 회개할 시간으로 7일간의 격리 기간을 줍니다.

아론의 양심은 이에 비해 즉시 움직였습니다. 그는 자기 형제 앞에서 죄 있음을 고백하고 용서를 구합니다. 동시에 그는 누이를 위해서 사제식으로 구합니다. 모세는 아론의 기도를 하나님께 전달합니다. 모세는 모든 죄가 하나님의 자비롭고 은혜로운 손에 속하고 거기에서부터만이 용서와 치유를 기대할 수 있다는 것을 자신의 경험으로 너무 잘 알고 있습니다.

주의 발자취를 따름이
어찌 즐거운 일이 아닌가
맘에 맑은 하늘 열리고
밝은 빛이 비친다

발자취를 따라 가자
기쁜 마음으로
발자취를 따라 가자
찬송하며 즐겁게
(찬송가 560장, '주의 발자취를 따름이')

6. 예수 따르는 데 있어 남매 Trio

"그들이 길 갈 때에 예수께서 한 마을에 들어가시매 마르다라 이름 하는 한 여자가 자기 집으로 영접 하더라 그에게 마리아라 하는 동생이 있어 주의 발치에 앉아 그의 말씀을 듣더니 마르다는 준비하는 일이 많아 마음이 분주한지라 예수께 나아가 이르되 주여 내 동생이 나 혼자 일하게 두는 것을 생각하지 아니하시나이까 그를 명하사 나를 도와주라 하소서 주께서 대답하여 이르시되 마르다야 마르다야 네가 많은 일로 염려하고 근심하나 몇 가지만 하든지 혹은 한 가지만이라도 족하니라 마리아는 이 좋은 편을 택하였으니 빼앗기지 아니하리라 하시니라" (눅 10:38-42)

남매들 모두 함께 예수님을 따른다면 그것은 온 가족에게는 큰 선물입니다. 또 한 지붕에 함께 살면서 예수님과 사람들을 위한 오픈된 집을 갖고 있다면 그건 특별한 것이겠죠. 손님을 좋아하는 건 그들이 함께 거주하기를 원하고 서로 함께 영위할 때 이루어질 수 있습니다.

마르다와 마리아, 그리고 나사로는 예수 사랑을 받고 있다는 생각 속에서 살았습니다. (요 11:3,5) 베다니에 있는 그들의 거주지는 다른 사람을 초대할 목적으로 만들었습니다. 신약의 다른 여러 곳에서는 그들의 접촉을 언급되고 있습니다.

소외와 고독으로 각인된 오늘날 시대에 그러한 '환영 공간'은 얼마나 중요합니까! 한 지붕 아래에서 이렇게 함께 살고 함께 영향 미치는 것이 긴장 없이 진행되지 않을 겁니다.

남매들 간의 다른 점들은 이미 충분히 서로 닮은 모습을 보여줍니다. 마르다와 마리아는 더 다를 수가 없었습니다: 준비하고 맘이 분주하며(눅 10:40, 요 11:20상), 다른 사람을 생각하고, 민감했습니다.(눅 10:39, 요 11:20하)

나사로는 자기 여동생들 사이에서 위축되고 눈에 띄지 않게 살았습니다. 아마도 그는 자기 죽을 정도의 병에 걸려 안정이 필요했을 겁니다. 아마 그가 남자로서 '3명의 집' 가계를 책임져야 했다고도 생각할 수도 있습니다. 예수님은 그를 '친구'라 부릅니다.(요 11:11)

나사로가 중병 걸렸을 때 그의 누이들은 긴급-주소를 알고 있었습니다. 바로 예수님.

자기 가정에서 예수님을 '청원인'으로 갖는 사람은 복 있는 자입니다. 예수님은 자기 친구들 도와주기를 좋아합니다. 어떤 사람들에게 예수님이 때때로 너무 늦게 오시는 것처럼 보일 수도 있습니다.(요 11:21, 32)

겉보기에 '너무-늦음'은 항상 의미를 갖고 있습니다. 예수님이

나사로를 위한 도움을 베푸시려는 것은, 결국에는 그의 두 누이들과 다른 사람들이 '예수님은 죽음과 부패를 다스리는 주' 라는 인식을 하는 데에 도움을 준다는 것입니다.

예수님은 살아계신 하나님의 아들인 것입니다.(요 11:25-27, 40, 42, 45)

예수는 나의 힘이요 내 소망 되시니
이 세상을 떠나갈 때 곧 영생 얻으리
한 없는 복을 주시고 영원한 기쁨 주시니
나의 생명 나의 기쁨 주 예수

(찬송가 93장, '예수는 나의 힘이요')

7. 어떤 아버지의 사랑하는 두 아들

"이에 일어나서 아버지께로 돌아가니라 아직도 거리가 먼데 아버지가 그를 보고 측은히 여겨 달려가 목을 안고 입을 맞추니 아들이 이르되 아버지 내가 하늘과 아버지께 죄를 지었사오니 지금부터는 아버지의 아들이라 일컬음을 감당하지 못하겠나이다 하나 아버지는 종들에게 이르되 제일 좋은 옷을 내어다가 입히고 손에 가락지를 끼우고 발에 신을 신기라 그리고 살진 송아지를 끌어다가 잡으라 우리가 먹고 즐기자 이 내 아들은 죽었다가 다시 살아났으며 내가 잃었다가 다시 얻었노라 하니 그들이 즐거워하더라 맏아들은 밭에 있다가 돌아와 집에 가까이 왔을 때에 풍악과 춤추는 소리를 듣고 한 종을 불러 이 무슨 일인가 물은대 대답하되 당신의 동생이 돌아왔으매 당신의 아버지가 건강한 그를 다시 맞아들이게 됨으로 인하여 살진 송아지를 잡았나이다 하니 그가 노하여 들어가고자 하지 아니하거늘 아버지가 나와서 권한대 아버지께 대답하여 이르되 내가 여러 해 아버지를 섬겨 명을 어김이 없거늘 내게는 염소 새끼라도 주어 나와 내 벗으로 즐기게 하신 일이 없더니 아버지의 살림을 창녀들과 함께 삼켜 버린 이 아들이 돌아오매 이를 위하여 살진 송아지를 잡으셨나이다 아버지가 이르되 얘 너는 항상 나와 함께 있으니 내 것이 다 네 것이로되 이 네 동생은 죽었다가 살아났으며 내가 잃었다가 얻었기로 우리가 즐거워하고 기뻐하는 것이 마땅하다 하니라" (눅 15:20-32)

잘 알려진 이 비유에서 예수님은 두 형제에 대해 얘기합니다. 그는 그들 각각의 아버지와의 관계에서 차이점을 기술하고 있습니다. 동생은 자유로운 스타일인데, 자기 형님과 같은 삶에 싫증이 난 겁니다. 항상 성실하고 안전한 것이 작동합니까? 그건 참을 수가 없습니다.

부끄럼 없이 그는 성급하게 자기 분깃을 요구하고, 아버지와 형님에게 임무를 지우며 아버지 집을 떠납니다. 책임 의식 있는 큰 아들은 어떤 홍보용 아들인데 방자한 행동은 생각할 수가 없습니다. 그는 해야 할 일이 있기 때문에 일을 계속해서 합니다. 하지만 아들들이란 그들에게 맡겨진 일을 그냥 완수해야 하는 노예가 아닙니다.

이 점에서 두 형제는 잘못 생각하고 있습니다. 그들은 어떤 좋은 아버지의 아들이라는 특권을 파악하지 못했습니까? 그래서 한 아들은 이탈하고, 다른 아들은 고요함 속에 계속 한숨 쉬면서 아버지에게 자기 바람을 맡기지 못합니다.

둘째가 정신 차리고 집에 돌아가기로 결정하는 건 놀랍습니다. 사랑하는 아버지가 이 일이 오기를 얼마나 고대했겠습니까!

돌아온 탕자는 막다른 골목길에서 자기 부친께로 돌아왔습니다. "아버지, 나는 하늘과 당신 앞에 죄를 지었습니다." 이 고백으로 탕자는 다시 아버지 집에서 아버지와 함께 살아갈 수 있었습니다. 아버지는 그 아들에게 그가 아들로 주장할 만한 모든 권한을 새롭게 다시 건네주었습니다.

귀향자의 죄 고백과 아버지의 선한 마음이 집문 앞에서 만납니다. 관계는 치유됩니다. 그것이 축제거리가 되다니! 큰 아들을 위한 게 아닙니다. 그는 아버지의 사랑을 마음대로 잘 다루지 못합니다.

큰 아들은 그의 자기 확신, 즉 일 하지 않는 사람은 축제를 즐겨서는 안 된다고 알립니다. 화가 난 채 그는 함께 기뻐하기를 거부합니다. 부당함을 혹독히 비난하는 데 대해 아버지는 진심 어린 초대를 하며 대답합니다.

"아버지가 이르되 애 너는 항상 나와 함께 있으니 내 것이 다 네 것이로되… 우리가 즐거워하고 기뻐하는 것이 마땅하다 하니라"(눅 15:31-32)

이 비유는 열린 결말로 끝납니다. 우리는 아버지로부터 초대를 받았습니까? 예수님은 말씀합니다. "구하라 그리하면 받으리니 너희 기쁨이 충만하리라"(요 16:24하)

8. 진정한 형제자매

"누구든지 하나님의 뜻대로 행하는 자가 내 형제요 자매요 어머니이니라."(막 3:35)

'하나님 뜻을 행하는 것' 이 크리스천 존재의 알파와 오메가입니다. 물론 경건한 유대인들도 하나님 뜻에 대해 매우 즐겨 말합니다. 그들은 그 뜻을 알고 있고 다른 사람들에게 보여준다는 자부심을 갖고 있습니다. 하지만 하나님의 뜻은 어떤 이들에게는 조금 맞을 수도 있지만 어떤 이들에게는 전혀 안 맞을 수도 있는, 유니폼이 아닙니다.

예수님은 자기 삶과 가르침을 통해 하나님의 뜻을 명확히 했습니다. 그래서 경건한 유대인들은 하나님의 뜻에 대해 예수님과 서로 틀어지게 됩니다. 하나님의 아들이 선하다고 생각하는 것을 반대 적들은 그렇게 악하다고 여겨, 선한 일 행하는 자를 죽음으로 내 몰려고 하고 있습니다.

하나님의 뜻을 행하려는 사람은 하나님의 뜻을 밝혀 보여주신 예수님과 성령을 필요로 합니다. 우선 하나님은 그의 뜻을 성경 읽음을 통해, 또 하나님과의 진정한 대화를 통해 보여주십니다. 우리가 읽은 말씀이나 선포된 말씀을 통해 하늘의 아버지를 깊이 알면 알수록, 우리는 그가 무엇을 원하시고 우리가 그의 뜻에 따라 어떻게 살아가야 하는지를 더 잘 이해할 수 있습니다.

우리는 하나님의 뜻을 구체적으로 하나하나 다 알 수는 없지만, 한 가지 확실한 건 '무엇이든 그가 말한 대로 행하는 것입니다.'(요 2:5)

하나님 뜻을 행하는 데에서 우리가 예수님의 진정한 형제자매인지가 증명이 됩니다.

'주여, 말씀 하소서, 우리가 듣겠나이다. 말씀을 듣고 행하지 않는 말씀을 알기만 하고 사랑하지 않는, 믿기는 해도 순종하지 않는 그런 사람은 되지 말게 하소서. 그래서 말씀 하소서, 우리가 듣기를 원합니다. 당신은 영원한 생명의 말씀을 가졌습니다. 우리를 위로하시고 우리를 세우소서!'(T.v.Kempen)

"주님은 나의 하나님이시니 주님의 뜻을 따라 사는 길을 가르쳐 주십시오. 주님의 선하신 영으로 나를 이끄셔서 평탄한 길로 나를 인도하여 주십시오."(시 143:10)